心理学与说话策略

康纯佳　赵望锋◎著

中国纺织出版社

内 容 提 要

现代社会，人们生存越来越艰难，巨大的生活和工作压力，使得人们即便有超强的能力也难以应付生活。每个人在人生之中都免不了要与形形色色的人打交道，我们唯有更好地与人沟通，才能拥有良好的人际关系，才能让我们的人生更加顺遂如意。

本书列举了很多生活和工作中的实用场景，从而帮助读者朋友在现实生活中遇到相对应的情况时可以做到有参考价值。当然，现实情况处于不断的变化之中，我们唯有审时度势，与时俱进，才能作出最佳的选择和应对。因此本书只是抛砖引玉，而并非一定之规。

图书在版编目（CIP）数据

心理学与说话策略：不同情景的实用沟通艺术 / 康纯佳，赵望锋著. --北京：中国纺织出版社，2018.3
ISBN 978-7-5180-4504-4

Ⅰ.①心… Ⅱ.①康… ②赵… Ⅲ. ①心理交往—口才学 Ⅳ. ①C912.1

中国版本图书馆CIP数据核字（2018）第315176号

责任编辑：闫　星　　特约编辑：李　杨　　责任印制：储志伟

中国纺织出版社出版发行
地址：北京市朝阳区百子湾东里A407号楼　邮政编码：100124
销售电话：010—67004422　传真：010—87155801
http：//www.c-textilep.com
E-mail：faxing@c-textilep.com
中国纺织出版社天猫旗舰店
官方微博http：//weibo.com/2119887771
三河市延风印装有限公司印刷　各地新华书店经销
2018年3月第1版第1次印刷
开本：710 × 1000　1/16　印张：14.5
字数：215千字　定价：36.80元

前言

关于人际沟通，石油大王洛克菲勒曾经说，假如人际沟通能力是一种商品，那么我宁愿付出阳光下最高的价格购买人际沟通能力。从这句话我们不难看出，洛克菲勒对于人际沟通能力是非常重视的，也是特别珍视的。也许看到这句话你会很惊讶：人人都会说话，人际沟通能力难道真的那么重要吗？的确，世界上每天都在发生各种各样的事情，有高兴的，有悲伤的，有容易解决的，也有棘手的。我们要想解决这些事情，仅凭一己之力根本不可能，我们只有掌握人际沟通能力，才能最终与他人达成共识，圆满解决问题。

在与人沟通的过程中，我们不仅要把关注的重点放在语言上，还要更多地注重非语言沟通。很多时候，非语言作为辅助性语言，对于我们的人际沟通产生至关重要的影响和决定性作用。所谓口才，并非是单纯的一问一答，而是要表现出一个人综合的为人处世的能力。人之所以能够成为万物的主宰，就是因为人有包含说话在内的诸多沟通能力，所以可以实现分工与合作，也能够融入团队之中让自己的能力成倍增长，还能求助于他人，得到他人帮助，从而解决各种各样的难题。因此朋友们，我们必须具有好口才，才能最大限度发挥自己的能力和实力，才能让自己成功创造美好的未来，成就精彩的人生。

本书列举了现实生活和工作中可能遇到的各种人际交往难题，都是与沟通有关的，再以心理学知识为基础，在分析人际心理的基础上，为读者朋友们提出最佳的解决方案作为借鉴。当然，任何事情都没有一定之规，我们唯有审时度势，顺势而为，才能结合自身情况作出最佳处理方案和决策。

所谓语表人意，言为心声。我们除了要掌握人际沟通的各种技巧之外，还要端正自己的心态，让自己对待人生和命运秉持正确的观点和态度。就像一棵大树只有根部挺拔端正才能成长为参天之材一样，我们也要让人生有端正的根基，这样才能有更好的发展。

目 录

第 01 章

沟通是人际交往的大门，一开口就说对话

现实生活中，很多人都意识到沟通的重要性，然而大多数人在沟通的时候依然“少根筋”，总是犯各种各样的错误。例如，有很多人走入沟通的误区，在沟通的时候急功近利，欲速则不达，导致沟通非但无法达到预期的效果，反而因为各种各样的失误导致事与愿违。现代社会，人际关系被提升到前所未有的高度，我们更要掌握沟通的技巧，把握沟通的艺术，从而更好地与他人沟通，建立良好的人际关系。

沟通和聊天不是一回事

对于沟通，很多人都存在一定的误解，觉得沟通就是闲聊或者聊天，而聊天就是与他人之间对话和交流，原本没有太重要的关系。其实不然。沟通是人与人之间交流的媒介，是人们之间加深了解的必经渠道，人与人之间的很多交往和互动都离不开沟通，所以，沟通对于我们的生活和影响是至关重要的。

每个人都是社会的人，都生活在人群之中，绝不可能不与他人交流。作为最普通平常的日常行为和活动，在大多人看来，沟通平淡无奇，只要动动嘴皮子就能做到。其实不然。沟通看似简单，实际上并非人人都能把话说好，也并非人人的沟通都能达到预期的效果和目的。

现实生活中，人们常常发现，哪怕是同样的意思，一个人用不同的方式表达或者换作不同的人以不同的方式表达，效果和作用也是截然不同的。尤其是当一个人漫不经心地说出来，而另一个人以有组织的语言说出来，效果更加不同，甚至完全相反。所以，我们必须重视沟通，将其与日常漫不经心的聊天区别开来，慎重对待沟通，组织好自己的语言，如此才能让我们与他人的沟通水到渠成，达到最好的效果。

很久以前，有个有钱人马上要过六十岁生日了。平日里，他的子女都不在家，家里总是冷冷清清的，因而他突发奇想，决定要好好过六十岁生日，再宴请平时不常见面的亲戚朋友都来家里做客、吃饭。为了准备生日，他提前就发出了请柬。很快，生日到来了，这个人一早上就起床洗漱更衣，穿上喜庆的唐装，等着亲朋好友来给他拜寿。

他从早晨等到快中午的时候，只来了一少部分亲戚朋友。为此，他焦急地院子里走来走去，因为马上就到吉时要开席了。他自言自语地说："怎么回事，该来的怎么还不来呢？"

已经落座的亲戚朋友听到他这么说，不由得议论纷纷："什么意思，就是说我们是不该来的呗！""既然如此，我们还坐在这里干什么呀？""我们都不受欢迎，还赖在这里岂不是自讨没趣吗？"亲戚朋友们一番讨论，最终除了一个与这个有钱人关系很好也彼此了解的朋友还在，其他亲戚朋友全都生气地离开了。看到院子里空空荡荡的，这个有钱人急得如同热锅上的蚂蚁，又说："哎，不该走的都走了，我还怎么过寿啊？"听到他的话，那个朋友也坐不住了，起身离开。

"不该走的都走了"，换言之，就是该走的怎么还不走，这样一来，朋友还怎么踏踏实实地留下来参加寿宴呢？这个有钱人虽然是好心请亲戚朋友吃饭，却因为不会说话，导致说出来的话好说不好听，无形中得罪了到场的亲戚朋友，原本准备周全的寿宴不得不半途而废。

现实生活中，很多人也许很会聊天，能够与他人说得眉飞色舞，甚至逗得他人哈哈大笑，但是一到正式场合，他们连一句正经话都说不好。究其原因，就是因为他们总是不假思索，也不会合理组织语言，因而导致沟通的效果很差。既然沟通对于我们的生活和工作都如此重要，我们一定要重视沟通，有意识地提升自己的沟通技巧，从而使沟通事半功倍。

掌握沟通的艺术，成功水到渠成

很多人以金口玉言形容一个人说话有分量，掷地有声。现代社会，人们也常常形容一个人说起话来铿锵有力，总是能够一语定乾坤。没错，这就是语言的力量。有的时候，看似一句言简意赅的话，真正以有力的语气说出来的时候，却如同强有力的武器一样，能够帮助我们震慑他人，也像是非常神奇的力量，能够使他人发自内心地对我们服气。反之，假如我们说起话来总是啰里啰唆，也不知道任何沟通的技巧和艺术，那么我们哪怕说出再多的话，也不如一句说到点子上的话更有分量、更重要。

现实生活中，虽然我们每天都在说话，但是我们未必知道如何有效地沟通。我们说出的很多话都是效率低下的，这使得我们没少浪费口舌，取得的效果却很一般。不得不说，现代社会，人际关系被提升到十分重要的高度，若我们与他人之间能够进行良好的沟通，不但对生活有很大的影响，对于我们在职场上的发展和表现也至关重要。所以，我们必须掌握沟通的艺术，与他人之间展开良好的沟通，这样才能获得梦寐以求的成功。

有一天，一名刚刚毕业的大学生去一家高档写字楼里求职。这个大学生通过前台的指引，去了主管招聘的总监办公室。总监看完年轻人的简历后，也许是因为对年轻人不感兴趣，所以直截了当地对年轻人说："抱歉，我们的人员已经招聘满了。"这时候，年轻人丝毫没有觉得尴尬，而是笑着从提包里拿出一个小小的告示牌，说："那么，您一定需要这个！"看到告示牌，总监不由得笑了。原来，年轻人展示给他的告示牌上写着："招聘已满。"这时候，年轻人抓住机会向总监推荐自己："总监，我不需要一份很好的工作，我愿意从公司最基层的销售工作做起。我很年轻，我不怕吃苦，而且有很多的时间和精力，所以我愿意不要底薪，在公司工作三个月。到时候，如果您觉得我不值得留下来，您再辞退我也不迟。”看着年轻人真诚的眼神和决绝的态度，总监深受感动，因而说：“好吧，既然你对自己这么有信心，我也愿意给你这个机会。希望你能不遗余力，顺利渡过考核期。”

后来，这位年轻人凭借百折不挠的精神和坚韧不拔的毅力，仅一个月就为公司推销出去好几件商品，顺利打开了初入职场的局面。三个月后，年轻人俨然已经成为公司里的资深销售人员，受到了总监的认可和欢迎。

假如不是因为年轻人的话打动了总监，只怕年轻人就算不要底薪，也无法进入公司工作。由此可见，语言的魅力是很强大的，有效的沟通能很快让一个人改变主意，重新考量自己的做法。因而，面对人生的诸多选择和机会，我们也必须学会竭尽所能地为自己争取。唯有如此，我们才能更加积极主动地把握人生。

当然，沟通是有技巧的，唯有掌握沟通的艺术，我们才能最大限度发挥沟通的魅力，让沟通具有强大的力量，为我们的成功添砖加瓦。在进行沟通的时候，我们不但要组织好语言，还要多多使用生动贴切的语言，从而让他人对我们的表达怦然心动。当然，在时间有限的情况下，我们还要尽量避免语言拖沓和啰唆。要知道，有的时候对方并不会给我们那么多的时间去慢慢地说，这就要求我们言简意赅，把握先机，从而最大限度发挥沟通的作用，获得成功。

表达的时候，不要急于求成

所谓沟通，实际上只有两个方面，一则是了解他人；二则是表达我们自己。只要把这两个因素把握好，我们的沟通就能够事半功倍，取得良好的效果。在沟通的过程中，很多朋友都存在一个误区，即迫不及待地想要表达自己，根本不愿意倾听他人的诉说，也不愿意了解他人的心声。实际上，这对于沟通是极其不利的。要想实现良好沟通，我们第一步要做的就是了解他人。因而，我们一定要戒骄戒躁，不要因为急于求成，就不给对方机会表达自己。

通常情况下，急于表达自己，不但使我们没有机会了解他人，也使我们显得非常浮躁和虚荣。一个真正的强者，内心总是充实淡定的，不管在什么情况下都不会口不择言，都不会不假思索地放任自己随意诉说。因此，朋友们，我们越是在心急的情况下，越要按捺自己，千万不要急于表达自己，更不要因为急于求成，导致事与愿违。

亨利是个很沉默的人，并不喜欢过多地表达自己，但奇怪的是，不管在什么场合，他总能够成功吸引他人的注意力，因而他朋友很多，而且他的朋友们对他的评价都很高。

有一次，亨利应邀参加朋友约翰在家中举办的聚会。在整场聚会中，亨利都和一位全场最美丽迷人的女士玛丽相谈甚欢。事后，约翰纳闷地问亨利："在我的所有朋友中，玛丽是最有个性的，她很少如此健谈，你到底是怎么做到的呢？"亨利笑着说："我什么也没有做，我只是夸赞她的印第安长裙非常漂亮。她告诉我这条裙子是在印第安买的，我就问她在印第安的见闻。接下来的时间里，我只负责面带微笑地听她诉说，时不时地点头或者'嗯'一声，就可以了。"约翰感到难以置信："上帝啊，真的这么简单？要知道，我的很多朋友都对玛丽情有独钟，但是玛丽根本对他们看都不看一眼呢！告诉你个好消息吧，玛丽向我打听你的联系方式，还说很期待和你再次相见呢！"

亨利之所以能够得到玛丽的认可和喜爱，就是因为亨利特别善于倾听。在和玛丽初次见面的交谈中，亨利成为很好的听众，绝不急于打断玛丽的表达，更不着急展示自己。所以，这不但让玛丽得以尽情发挥自己的健谈，也让玛丽对他形成了很好的印象，主动提出期待再次与他相见。

现实生活中，每个人都喜欢以自己为中心，尤其是在与人沟通时，恨不得把自己的所有经历和逸闻趣事都向他人和盘托出。然而，当我们与他人沟通时，如果只是唯我独尊，显而易见，我们不会招人喜欢。当我们把关注点放在他人身上，给予他人更多的机会和时间展示自己，那么我们也就树立了在他人心目中的好印象，更容易得到他人的认可和喜爱。从这个意义上来说，真正善于沟通的人绝不会急于诉说，而是会多多倾听他人的讲述，更多地了解他人，从而更好地与他人沟通。

任何时候，都不要贬低对方

在人生道路上，每个人都想获得进步，收获成功，而人的本能就是趋利避害，希望听到对自己好的评价和赞赏，不希望被他人否定和批评。然而，金无足赤，人无完人，哪怕我们把一切做得再好，也不可能完全符合他人的心意，换言之，他人哪怕再怎么努力，也无法完全符合我们的心意。在这种情况下，人与人之间的争执和摩擦，甚至是矛盾，都是在所难免的。其实，就算是他人再与我们的心意背离，我们也不能指责和贬低他人。归根结底，每个人都是这个世界上独一无二的存在，每个人生存的意义都不是为了取悦他人，我们自身亦如此。

一个人要想获得成功，最重要的不是推卸责任，指责他人，而是经常进行自我反省，从而让自己不断进步。古人云，一日三省吾身。我们就算做不到，也应该时不时地反省自己，这样才能做到拒绝退步，在人生的道路上勇往直前。现实生活中，偏偏有些人对于他人总是极大地不满意。实际上，对他人的苛责，恰恰意味着我们内心的软弱和脆弱。要知道，真正的强者绝不会轻易改变人生，也不会因为人生的不如意就肆意指责他人。有责任，有担当，能自省，常进步，才是强者应有的人生表现。

曾经，张凯的家在农村，他的父母也和无数的农民一样，面朝黄土背朝天，整日在黄土地里辛苦地劳作，以换取微薄的收入供养张凯读书。大学毕业后，张凯留在大城市打拼。也许是因为穷人的孩子早当家，他下定决心，无论如何也要在大城市站稳脚跟，把父母接到城市。为此，张凯在工作中认真负责，吃苦耐劳，恨不得把每一分每一秒都用于工作。如此打拼十年，张凯终于在大城市安家落户，拥有了自己的房子。他把父母接到城市里生活，圆了自己的心愿。

有一天，张凯回到家里，看到家里做着两个灰头土脸的人。再看看门口的鞋架上放着两双脏兮兮的鞋子，散发出严重的脚臭味道，张凯不由得皱起眉头。虽然爸爸妈妈向张凯介绍来人是以前在农村的远方亲戚，但是张凯态度不冷不热，只是简单打了个招呼，就躲到书房里去了。当天晚上，虽然亲戚要去外面住宾馆，爸爸妈妈却热情挽留亲戚，并且为他们铺好床铺留宿。为此，张凯心中很不高兴，但是碍于爸爸妈妈的面子，他强忍着没有说出来。好不容易熬到第二天亲戚走了，张凯才对爸妈说："爸妈，以后不要留人在家里住宿。如果再有亲戚来，就请他们去饭店吃饭，别来家里，花点儿钱没关系。"看着张凯嫌恶的表情，爸爸严肃地说："凯子，这些都是穷亲戚，但是我们以前不也和他们一样吗？咱们在老家的时候，没少接受这些穷亲戚的照顾，现在咱们生活得好了，可不能忘本啊！这些穷亲戚讲究的不是去饭店吃喝，就是讲究咱们对他们是不是真心。要是你瞧不起这些穷亲戚，那么干脆把我和你妈也赶走，我们不也是老农民吗？”爸爸的话让张凯陷入沉思，他意识到自己错了。

以贬低别人的方式来抬高自己，这样的人绝不高明，也不高尚。张凯忘记了自己的父母曾经也是农民，也忘记了富在深山有远亲的道理。在人情淡漠的大都市生活，我们可以为了适应大都市的生活节奏而改变自己，但是永远不要忘记自己做人的根本，更不要把自己的高大建立在别人的卑微上。

现实生活中，很多人总是随意贬低别人，以显示自己的高明。然而，他们不知道的是，不管是从语言上还是从行动上贬低别人，都会显示出我们缺乏教养和涵养的致命弱点，也会导致我们的人际关系越来越恶劣。不管我们多么成功，也不管我们的身份地位多高，我们唯有摆正自己的姿态，给予他人应有的尊重，才能得到他人的同等对待。

说好话，必须掌握最佳时机

在与他人沟通的过程中，每个人都希望自己能够把话说到他人的心里去，并且能够最大限度打动他人的心，从而使他们听进去我们的话，或者满足我们的请求、要求。然而，人际沟通是人际关系的难题，想要把每句话都说得恰到好处并不容易。我们除了要组织好语言之外，还要采取合适的语调和腔调，最重要的是还要掌握好最佳时机。这样，我们的话才能起到事半功倍的作用，我们也才能如愿以偿，达到预期目的。

古人云，天时地利人和。由此可见，我们不管做什么事情，在各种条件都具备的情况下，依然需要把握最佳时机，才能获得成功。那么，和他人沟通如何把握时机呢？其实，和他人沟通的时机广而言之，就是要在愉悦的氛围下进行表达，具体地说，可以在对方心情好的时候再去说。当然，并非所说的事情都要在他人高兴时再说，有的时候我们也要选择最佳时机说，这样才能事半功倍。总而言之，说话的好时机并没有硬性的规定，我们必须审时度势，顺应形势，才能随机应变，把握最佳时机。

战国时期，安陵君能说会道，尤其善于把握说话的时机，因而深得楚王喜爱。楚王给予安陵君高官厚禄，享受一人之下万人之上的至高地位。看到安陵君得到楚王如此器重和抬举，安陵君的朋友江乙不由得忧心忡忡。他劝说安陵君无功不受禄，一定要找机会向楚王表明自己的忠心，否则就会陷入危险的境地。安陵君恍然大悟，当即请教江乙，并且决定要如同江乙说的那样找机会向楚王表明忠心。

然而，时间过去很久，安陵君依然没有对楚王表明忠心，江乙不由得心急起来，再次催促安陵君。安陵君说："先生请稍安勿躁，我只是因为没有找到合适的时机。"安陵君依然耐心地等待着，直到有一天，楚王打猎的时候一箭射死了野牛，官员们都为楚王喝彩，楚王高兴地说："今天真高兴，可惜等到我万岁千秋之后，不知道还有谁能陪我一起共欢乐！"这时，安陵君赶紧向前一步，眼含热泪地说："臣始终陪伴大王身侧，等到大王万岁千秋，臣也愿意陪在大王身侧，与大王同生共死，无怨无悔。"当时的情形下，楚王听到安陵君的话，不由得龙颜大悦，内心感动不已，从此之后对安陵君更加信任和器重。

平日里，假如安陵君对楚王说出这样的话，楚王也许还会因为忌讳而迁怒于安陵君。趁着大王猎杀野牛高兴，感怀悲伤时，安陵君表示自己愿意和大王同生共死，大王自然感动不已，所以对安陵君更加器重和宠爱。

生活中，很多话未必什么时候都可以说，只有抓住时机，才能让表达的作用更加强化。现实生活中，很多人都不懂得表达时机的重要性，导致人生变得非常被动，也无法如愿以偿地获得成功。实际上，不管是在正式的场合还是在私底下说话，我们都要更加用心，才能让自己如愿以偿，达到预期的目的。虽然有很多人都靠着天赋的敏感和机智掌握时机，但是，在现实生活中，只要处处用心，积累经验，我们也能够提升自己在把握时机方面的能力，从而让自己与他人的沟通达到更好的效果。

说话不是打机关枪，无须滔滔不绝

现实生活中，不乏笨嘴拙舌的人，偶尔，嘴巴笨拙的我们也会羡慕那些说起话来如同连珠炮一样的人，毕竟能在最短时间里滔滔不绝说出自己想说的话也是一种非常帅气的行为。然而，滔滔不绝的口才真的就是好口才吗？事实并非如此。哪怕我们在短时间内说出的话再多，如果没有说到点子上，同样无法达到预期的效果，反而会因为我们说话如同打机关枪一样咄咄逼人而给对方留下不好的印象。当然，这只是从人际关系的角度而言的。从表达目的的角度来说，人的思维是有局限的。假如我们说话过快，我们的思维却跟不上，那么就会直接导致我们不假思索地说出很多话。古人云，言多必失，祸从口出，也正是因为如此。

一个人如果总是滔滔不绝，语速过快，非但没有时间思考自己说出口的话，还会因为不假思索而口不择言地说出自己内心的秘密或者是自己原本不想说的话。要知道，说出去的话如同泼出去的水，话一旦说出口，哪怕我们再后悔，也无法收回来。这样一来，我们无形中就闯了祸，甚至还会造成严重的后果。所以朋友们，不管我们多么着急，也不管我们的口才多么好，都不要让嘴巴跑到脑子前面。人们常说三思而行，谨言慎行，就是告诉我们要认真思考之后，再决定说什么、做什么，从而避免追悔莫及。

由于轻易说出口的话，也会给他人留下轻浮的印象，导致他人不重视我们的表达。要知道，如同连珠炮一样说话，只能证明你说话不负责任，那么别人又怎么会把你的话放在心里呢？而且，如果我们不分时间场合总是说话如同连珠炮，导致别人连插嘴的机会都没有，那么别人当然会对与我们的交谈感到索然无味，甚至再也不想和我们继续交谈下去。所谓凡事皆有度，我们与他人说话也必须把握好分寸，掌握好度，才能最大限度发挥我们语言的魅力，征服他人。

《红楼梦》中，有一次，凤姐让丫鬟小红传话给平儿。小红圆满完成任务后，特意来给凤姐回话。和大多数丫鬟说起话来没头没尾、啰哩啰唆相比，小红说话非常简洁明了："我们奶奶问这里奶奶好。原是我们家二爷不在家。虽然迟了两天，只管请奶奶放心。等五奶奶好些，我们奶奶还会让五奶奶来瞧奶奶呢。五奶奶前儿打发人来说，舅奶奶带了信来了，问奶奶好……"当然，这些话局外人根本听不懂，但是凤姐意识到这个小红能把很多话题只用简单几句话就说清楚，实在很难得。因此，凤姐当即决定让小红当自己的丫鬟，为自己服务。

很多人说话虽然滔滔不绝，却没有一句话说在点子上，让听话的人干着急，还帮不上忙。凤姐负责打点贾府的繁杂事务，很想身边有说话简洁明了的得力丫鬟，因而一下子就看上了小红。我们在日常表达时也要注意，话不在于长短，而在于是否抓住重点。听众只想用最短的时间听到最重要的讯息，而不想平白浪费时间却毫无收获。

为了比较语速较快的说话者和语速平稳的说话者谁更具有说服力，美国密歇根大学的心理学家曾经专门针对一百名调查对象进行了调查。调查结果显示，语速平稳的说话者更容易得到他人的信任，具有更强的说服力。但是，凡事皆有度，语速过于缓慢也会让人心烦气躁，甚至让人认为说话者有故意卖弄之嫌疑。所以，我们要保持平稳的语调，过快或者过慢都是不好的，尤其注意不要拖沓冗长，或是如同打机关枪，否则就会事与愿违。在说话的过程中，为了给听话者反应和思考的时间，我们还可以适度停顿，这样也有助于我们增强说服力，更加受听话者的认可和欢迎。

看菜吃饭量体裁衣，学会看人说话

常言道，看菜吃饭，量体裁衣。在这个世界上，每个人都是独一无二的存在，我们既然生活中在群体之中，每时每刻都难免要面对不同的人，与他人打交道。既然如此，我们在与人沟通的时候，也要根据说话对象的不同，调整说话的思路，寻找最合适的方式表达，这样才能事半功倍。

人的不同不仅表现在脾气秉性上，也表现在心理特点、语言习惯上。从广泛的角度而言，世界各地的风俗习惯都是不同的，这决定了我们面对来自世界各地的人时，必须考虑到他们不同的风俗习惯。即便在国内，也是十里不同风、百里不同俗，各个民族之间的语言表达方式和习惯也截然不同。所以，我们更要根据不同的说话对象，保证自己说出去的话不至于得罪人，也能达到预期的效果。也许有些朋友会说，对于熟悉的朋友、同事等，因为有了一定的了解，我们当然知道语言禁忌和注意事项；但是对于初次见面的人，我们如何做到看人说话呢？其实，在掌握对方的基本信息后，我们就可以大概了解对方，从而有效避免说错话的行为。至于更加细节的方面，我们就要在沟通过程中顺势而为，一边了解对方，一边调整交谈思路。例如，在交谈过程中，假如我们发现对方语速比较慢，那么就说明对方思维也很慢，我们就要放缓语速，与对方步调一致。再如，假如我们面对的是脾气火爆直爽的东北人，那么就要一改黏黏糊糊的表达风格，变得更加爽气一些；假如我们面对的是性格温婉细腻的南方人，我们就不能高声地快言快语，而要考虑到对方的承受能力。

在人才交流市场上，有个刚刚大学毕业的年轻人把自己的简历递交给招聘负责人。招聘负责人看完简历之后，让年轻人说说自己的优势。年轻人有些不好意思地说："经理，我听说咱们公司正在招聘办公室文秘，我觉得文秘一定要有好笔头吧？"经理不置可否地看着年轻人，不知道年轻人想要说什么。年轻人接着说："其实，我在读大学期间就很喜欢看书，我的阅读量是很大的。每到周末，其他同学都四处玩耍，我却在图书馆或者阅览室看书……"不等年轻人把话说完，招聘负责人就不耐烦地说："好了，我大概了解你的情况了，回去等通知吧。"年轻人灰溜溜地走了，其实，他接下来想告诉招聘负责人他爱好写作，有个好笔头，而且大学期间就发表过好几篇作品呢！但是，他已经没有机会说了。

假如年轻人能意识到招聘负责人在招聘现场很忙，要接待很多应聘者，根本没有大量的时间给他慢慢介绍自己，而一开始就开门见山地说出自己爱好写作、擅长写作，反而能够得到工作的机会。但是，看到年轻人黏黏糊糊的样子，又看到年轻人说了半天都没有重点、不知所云，招聘负责人马上对年轻人失去兴趣，甚至断定年轻人写文章也是拖沓冗长，主次不分的。

不管是在生活中还是在职场上，表达的时候，我们一定要根据交谈对象，调整自己的交谈思路和表达方式，从而把话说到他人心里去，在最短的时间内打动他人。有的时候，机会转瞬即逝，我们唯有当机立断，才能把握机会，才能为自己赢得更多的机会。正如人们说不能对牛弹琴一样，我们与他人说话也必须找准方式，才能达到预期的效果，提高沟通的效率。

第 02 章

情商高就是会沟通，三言两语就要打动人心

与人交流成功与否，就在于沟通能力的高低。实际上，只有掌握说话的技巧和策略，把话说到他人心里去，打动人心，才能切实起到沟通的作用。现代社会竞争异常激烈，人际关系成为不容忽视的人脉资源。要想建立良好的人脉关系，与同事、上下级以及客户之前实现良好沟通，我们必须掌握沟通技巧，做到三言两语就能成功打动人心，顺利与他人展开融洽沟通与交往。

威尔德定理：听永远比说更重要

威尔德是英国大名鼎鼎的管理学家，他曾经说过，人际沟通从倾听开始，从回答结束。这句话告诉我们，在人际沟通中，倾听是非常重要的，甚至比表达更加重要。其实，仅从形式上来看，一切沟通都是以问答作为形式的。在一问一答之间，人们彼此交流信息，更加了解，也达成共识，形成一致的观念。人际交往更是建立在倾听的基础上。遗憾的是，现实生活中真正善于倾听的人少之又少。在人际交往中，大多数人都迫不及待地想要表达自己的观点，也急切希望别人接受自己的观点。殊不知，如果人人都以自我为中心，那么沟通将无法进行下去。

要想拥有良好的沟通，我们必须端正态度，摆出倾听的姿态。要知道，我们唯有用心倾听他人，他人才会接纳和尊重我们。倾听不但是良好沟通的开始，也是建立人际关系的基础。每个人都喜欢倾听自己的人，而不喜欢只知道自顾自说话的人。在与人交往的过程中，假如我们能够始终牢记这个原则，把自己放在人际交往中占据主动的位置上，那么我们一定能够获得成功，拥有良好的人际关系。

对于沟通主动权的把握，很多人都存在误区，觉得只有先发制人、抢先说话才是主动的。实际上，如果我们说出去的话都被他人听若未闻，那么我们就失策了。相反，我们即便只是沉默地听他人说话，只要我们以倾听赢得了他人的尊重和认可，那么我们就在与他人的交流中迈出了成功的一步，占据了主动，这才是沟通的真谛。

有一次，乔·吉拉德去拜访客户。起初，客户对于乔·吉拉德推销的产品根本漠不关心，只是一味地在说自己的儿子。他满怀自豪地告诉乔·吉拉德："我的儿子非常优秀，他正在医学院读书，马上就会成为一名医生。"乔·吉拉德表现出惊讶的样子，夸张地喊道："真的吗？医生的职业太棒了，救死扶伤，特别高尚！"客户很骄傲地问："我儿子很聪明吧？"乔·吉拉德重重地点点头，脸上呈现出赞许的表情，说："的确很棒，您完全应该以他为傲！"随后，他又问客户："毕业后，他会去哪家医院工作呢？人吃五谷杂粮，没有不生病的，也许有朝一日我会有求于他呢！"客户笑着说："有好几家医院都争抢着要他，他还没有想好呢！不过我认为，他不管去哪家医院，都是最棒的。如果有需要，你联系我就好，我是他爸爸呀！"乔·吉拉德当即点点头，说："当然，我一直保存着您的联系方式。"就这样，乔·吉拉德整整一个下午都没有提起工作的事情，而是一直与兴奋不已的客户夸赞他的儿子。

次日，当乔·吉拉德再次联系客户时，客户告诉乔·吉拉德他已经决定通过乔·吉拉德买车了。就这样，乔·吉拉德并没有卖力推销，只因为真心诚意地听客户炫耀自己的儿子，就做成了这单生意。

乔·吉拉德之所以能够做成这单生意，就是因为他能够耐心倾听客户炫耀自己的儿子，而且真心诚意地祝贺客户。假如他只顾着推销自己的汽车，却丝毫不在意客户在说什么，也根本不关心客户的儿子毕业后会在哪一家医院工作，那么他的推销工作即使不会失败，也不会进展得如此顺利。

现实生活中，我们已经习惯了用语言进行沟通，用心传递感情，然而，语言并非是沟通的唯一方式。假如我们能够真诚地倾听他人，我们就能够以沉默打动他人的心。倾听不仅是一种交流，也是一种与他人亲近的方式。我们唯有意识到倾听的重要性，并乐于和善于倾听，才能更好地与他人沟通。

白德巴定理：好钢用在刀刃上，好话说在点子上

人们常说，好钢用在刀刃上，其实，话也不在于多，我们的语言必须非常精练凝萃，才能把话说到点子上。和那些啰哩啰唆说了半天却不知所云的人相比，我们与其说起话来就像老太婆的裹脚布一样又臭又长，不如管好自己的嘴巴，让自己言简意赅，从而一语中的，一针见血。白德巴定理告诉我们，一个人必须管住自己的舌头，才是一个品德高尚的人；而且，一个人也必须善于约束自己的嘴巴，才能在行动上享受更大的自由。毋庸置疑，这个定理也告诉我们，说话不在于长篇大论，而在于组织好自己的语言，让每个字都说到点子上，让字字如同钢珠落地有声。

现实生活中，有很多人说话的时候喜欢拖沓，总觉得说得多、说得时间长，就能达到更好的效果。其实不然。说得多，有的时候反而会物极必反，事与愿违。我们与其像唐僧念咒一样，不如少说多做，以身作则。要知道，语言唯有少而精，才能达到最好的效果。尤其是对于那些三言两语就能说清楚的事情，我们更要惜字如金，不要拖沓冗长。和说话简洁干练的人相比，说起话来啰哩啰唆的人一定缺乏自信，优柔寡断。同时，语言表达能力也能从侧面表现出我们的思维能力。通常情况下，只有思维迟钝的人，做事才会优柔寡断，犹豫不决。相反，有胆有识有魄力的人，说话

铿锵有力，做事绝不拖泥带水。

现代社会，生活节奏越来越快，工作压力越来越大，每个人都要在夹缝中求生存，应对繁忙沉重的生活和工作。因而，这就更要求我们不管什么时候都要组织好语言，做到字字珠玑，绝不啰唆。毕竟，人们的时间观念越来越强，更加珍惜时间。在职场上，我们作为下属，要在规定时间内完成分内的工作，以免影响其他同事的工作进程。如果作为上司，那么一定不要成为只会开会的上司，而要把一切影响力都落实到行动上，以身作则，身先示范。否则，若你的会议成为下属们的休息时间，那么你即便说得口干舌燥，又有什么效果呢?

在剑桥大学的毕业典礼上，丘吉尔应邀讲话。宽敞的大礼堂里，密密麻麻地坐着成千上万名学生，大家都在等着丘吉尔发表演讲。时间刚刚好，丘吉尔在随从的陪同下准时到达礼堂，他缓缓走入会场，走上演讲台。

丘吉尔站到讲台上之后，先是脱掉大衣递给随从，随后又缓缓摘下帽子，然后面色平静地看着台下的学生们。时间缓缓流逝，学生们看着丘吉尔，不明白他为何还不发表演讲。直到一分钟之后，丘吉尔才以沉稳的语调，一字一句地说：“Never give up!”这句话的意思是，永不放弃。说完这句话，丘吉尔又穿上大衣，戴上帽子，然后平静地走出会场。原本寂静无声的会场，此时突然爆发出雷鸣般的掌声。永不放弃，这就是丘吉尔的演讲，这就是他给每一位即将走出大学校园展开人生新篇章的学生们最诚挚的期盼和最真诚的祝福。

丘吉尔的这次演讲，是他一生之中的最后一次演讲，也是他一生之中最精彩的一次演讲。也曾有人把丘吉尔的这次演讲，评选为世界上最短的演讲。的确，这是一场只有四个字的演讲，但是这四个字传递的精神和信念，永远照亮学生们的人生。和那些拖沓冗长的演讲相比，这篇演讲中的四个字，那么突兀深刻地镌刻在学生们的心中，照亮他们的人生之路。

朋友们，我们一生之中的每一天，都需要与人交流，或是表达自己。为了让我们的语言更加精练有力，我们在组织语言的时候应该把握一个原则，那就是“话不在多，达意则灵”。这句话出于刘禹锡的《陋室铭》：山不在高，有仙则名，水不在深，有龙则灵。我们要说，话不在多，达意则灵。毕竟，表达意思和思想，是语言沟通最纯粹的功能。所以，我们在用语言表达自己的时候，一定要使语言变得精练。假如我们说得太多，反而会使我们的语言拖沓冗长，无法突出重点。此外，简洁的语言也能够帮助我们提升表达的力度，使我们的字字句句都铿锵有力。

杰亨利法则：真诚，是一切沟通的前提

杰亨利法则告诉我们，任何沟通只有建立在真诚的基础上，才能感知更加敏锐，才能达到预期的沟通效果。的确，人与人交往是离不开沟通的，人与人之间相互理解的程度也取决于沟通的效果。喜欢看影视剧的朋友们会发现，影视剧中的很多主角之所以互相误解，导致不欢而散，甚至造成严重的后果和莫大的遗憾，就是因为他们的沟通不够真诚，存在不同程度的误解。人，生活在这个世界上，每个人都存在于群体之中，唯有把握沟通的原则，真诚地与他人交流，才能与他人和谐相处，建立友好的关系。

在任何人际关系中，真诚都是必不可少的基础，也是我们达到沟通目的的前提条件。要想保证沟通有效，我们就必须足够真诚，也要更加坦

率。不论是对于说话的人而言，还是对于听话的人而言，真诚都起着关键作用。一个人要想让自己的发言有魅力，与他人的沟通更加顺畅，离不开真诚。

现实生活中，很多朋友都希望把话说得漂亮。因而，他们在说话或者写文章的时候，总是喜欢堆砌华丽的辞藻。殊不知，把话说得漂亮，并不意味着一定要辞藻华丽，而是要讲究语言的内在是否真诚。当我们真心诚意地说话，当我们的表达非常中肯，绝不凌驾于他人之上，当我们怀着善意设身处地为他人着想，我们的心就是真诚的，他人也一定能感受到我们的真诚。

美国第16任总统林肯曾经当过律师，他说，和一加仑胆汁相比，一滴蜂蜜显然更容易吸引更多的蜜蜂。的确，一个人要想吸引他人的心，博得他人对自己的认可和赏识以及真心相待，必须用如同蜂蜜一样甘甜的真诚，友好地对待朋友，吸引朋友的心。真诚的话语，比一切华而不实的语言，更能打动他人的心。

北宋时期，大名鼎鼎的词人晏殊说话非常真诚。十四岁那年，晏殊参加殿试，面对宋真宗的题目，晏殊说："陛下，我十天前曾经准备过这道题目，请您出一道新的题目给我。"在当时，文化人只能通过科举考试这一条道路为自己谋取前程，晏殊居然被考到自己十天前准备过的题目，这简直是天大的幸运。但是他很真诚，认为这样做有失公平，所以主动让宋真宗重新给他出题目。对于如此坦荡的君子，宋真宗非常赏识，因而赐予晏殊"同进士出身"。

后来，晏殊成为朝廷官员。在其他官员都贪赃枉法、胡吃海喝的时候，他却与朋友们一起闭门读书。为此，宋真宗钦点晏殊辅佐太子。其他官员看到晏殊只是"同进士出身"，却得到宋真宗如此提拔，不由得都感到困惑不解。这时，宋真宗才说："其他人出去疯狂玩乐，唯独晏殊与朋友们谨言慎行，不忘读书，岂不是辅佐太子的最佳人选吗？"听到宋真宗对自己评价如此之高，晏殊马上叩谢圣恩，又解释道："实际上，我也爱玩，只是家境贫困没钱玩乐而已。假如我有钱，我也会出去玩的。"晏殊这番真诚的话，更让宋真宗感受到他的真性情，不由得对他更加刮目相看。

任何人都希望听到他人真诚的话语，而不希望被他人虚伪的话蒙骗。现实生活中，不乏有些人能够把话说得很好听，但是他们不够真诚，因而充其量被称为嘴巴上抹了蜜，总是能够逗得他人开心。但是真正的明智者不会被这样虚伪的表象蒙蔽，而是会透过现象看本质，从而了解事情的真相。

朋友们，真相总不会被虚伪掩盖住，我们唯有从容淡定，才能最大限度提升和完善自我，从而真诚面对他人，真诚拥抱人生。尤其是在人际交往过程中，我们更要真诚地与他人沟通，这样才能以真诚换取真诚，以尊重赢得他人的尊重。

位差效应：平等，是沟通的基础

人与人的一切交往，都要建立在人格平等的基础之上。假如一个人总是藐视他人，在人际交往中表现出高高在上的样子，那么人与人之间就很难继续交往下去，也无法实现顺畅的沟通。可以说，平等是沟通的基础。前文我们说过，沟通的本质就是一问一答。这就像是流水，既要从这头流到那头，也要从那头流到这头，如此才能带着信息不停地循环往复，最终实现信息的传递，从而帮助人们加深彼此间的了解，相互信任。但是，如果地位不平等，谈话的两头就拥有不一样的高度，那么流水只会从高处流向低处，根本无法再从低处流到高处。如此一来，问答的往来自然无法实现，沟通也就成为不可能。

所谓位差效应，从字面上来理解，就是指两个人的身份地位不同，因而导致心理上也存在差距。心理上占据优势的人，会因为自己高于他人而无形中凌驾于他人之上；心理上处于劣势的人，又会因为心理上感到自卑，而无法直面他人，总觉得矮人三分。由于这个原因，存在位差的人之间，就会因为不平等而无法顺利沟通。当然，为了实现顺畅沟通，我们的当务之急就是减弱和消除位差，从而使我们与他人的沟通更加顺畅、自然。

毋庸置疑，心理上的优势会影响人们的发挥。诸如，当我们面对一个比我们强很多的人时，我们往往感到精神紧张，无法自处。相反，当我们面对一个不如我们的人时，我们会有明显的心理优势，因而感到从容自如，甚至超常发挥。所以，我们除了要消除位差之外，还要努力正确提升自己的心理素质，把自己看得更加高强一些，从而争取超常发挥。

在美国，有个有钱人一心一意想要得到他人的尊重，却总是无法如愿以偿，为此他非常苦恼。有一天，有钱人在商场门口看到一个乞丐，因而想道：假如我捐一个金币给这个乞丐，他那么穷，一定会尊重我的。为此，富翁拿出一个金币，居高临下地扔到乞丐面前的破碗里。出乎他的预料，乞丐听到金币与破碗碰撞的清脆响声，连头都没有抬，而是依然自顾自地抓虱子。有钱人没有得到应有的尊重，愤愤不平地说：“我给了你金币，你却连声谢谢都不愿意说！”乞丐依然头也不抬，不以为然地说：“不想给，你可以拿回去。”有钱人更生气了，掏出十个金币接二连三地扔到乞丐的破碗中。不承想，乞丐依然不愿意表示感谢，仍是对有钱人爱搭不理。

有钱人气愤不已，怒吼道："我给你这么多金币，你不会说声谢谢吗？"乞丐慵懒地说："你有再多的钱，也买不来我的尊重。"有钱人气昏了头，说："我愿意给你一半家产，你尊重我吧！"乞丐又说："如果我和你一样有钱，我岂不是更不需要尊重你了？"有钱人狂躁不安，喊道："我把所有家产都给你呢？"乞丐说："那就该我这样施舍你了！我变成有钱人，还有必要尊重你吗？"乞丐挑衅地看着有钱人，有钱人突然间恍然大悟，他紧紧握住乞丐的手，说："谢谢你教会我做人的道理。"说完，有钱人把之前扔到乞丐碗里的金币捡起来，毕恭毕敬地放到碗里。乞丐也改变态度，一本正经地对有钱人说："不用谢！"

乞丐教会有钱人，哪怕面对一贫如洗的乞丐，也要给予对方足够的尊重和平等的沟通，这样才能赢得乞丐的尊重，才能与乞丐更好地沟通。在这个耐人寻味的案例中，有钱人一开始仗着自己有钱，自视甚高，对乞丐颐指气使。后来，乞丐对他的不尊重和不道谢，才使他意识到哪怕面对乞丐也要平等对待。真正的尊重，恰恰来自于平等的沟通。

从客观角度分析，我们在与他人沟通的过程中，必须竭尽所能获取更多有效有用的信息。一旦我们居高临下，对待谈话对象不够平等，那么我们必然会因此失去更多的机会，从而导致与他人的沟通无法顺利进行，半途而废。从这个角度而言，自然得不偿失，损失惨重。所以，在与他人沟通的过程中，我们必须平等对待他人，这样的交流才会更加真实自然，才能打动人心。要想做到这一点，我们除了要加深对他人的了解之外，还应该尽量设身处地为他人着想。这样，我们说出的话才更真诚，才能让他人对我们心悦诚服。

登门槛效应：说话要主次分明，层层推进

登门槛效应，用通俗的话来说，就是得寸进尺效应。一个人一旦接受他人小小的请求，为了给人留下前后一致的统一印象，或者是避免认知不协调，就很有可能妥协，从而接受他人更大的要求。这种现象很像人们登门槛的时候必须拾级而上一样，要求由小到大地提出，更容易得到满足。实际上，人人都很在乎自己的形象，也知道自己必须保持良好的形象，才能不被人误解是反复无常。正是因为这种心理的作用，我们在现实生活中想让别人接受我们大的请求，就要尝试着先提出小小的请求，在得到他人的接纳之后，再层层推进，顺次提出自己更大的请求。

1966年，美国社会心理学家福雷瑟和弗里德曼曾经专门进行了实验。他们先让助手去居民区，试图说服居民们允许他们在房前的草地上竖立“安全驾驶”的标语牌。这个标语牌很大，会阻挡居民在家中看向外面的视线。可想而知，大多数居民都拒绝了他们的请求，只有百分之十几的居民在他们费尽唇舌之后，勉强接受了他们的请求。后来，他们换了一个社区进行试验。这次，他们没有直接请求居民允许他们竖立大的标语牌，而是先让居民在安全行驶的告知书上签字。这个要求很容易实现，所以他们很容易地得到了几乎全部居民的签字和支持。过了几个星期，他们又找到那些签字的居民，请求在他们房前的草坪上竖立广告牌。这次，结果出乎他们的预料，居然有百分之五十五的居民同意了他们的请求。情况是，广告牌没有丝毫变小，位置也不曾改变，但是结果明显不同。在这次实验中，两个小区的结果之所以迥然相异，就是因为在一个居民区提出请求很突兀，在第二个居民区提出请求之前，已经以在告知书上签字的方式，跨过了人们心中的门槛。这样一来，第二个居民区的居民为了表现得前后一

致，给他人留下良好印象，宁愿适当委屈自己，以争取做得更好。

从登门槛效应中，我们不难得到深刻的启示：在向他人提出重大要求之前，我们不妨先提出一个对方不会拒绝的小小要求。等到对方接受我们的小小要求，建立他们的良好形象后，我们再寻找机会提出更大的要求，这样一来，我们自然可以获得更大的胜算，因为这个时候对方已经不太好意思拒绝我们了。只要他们能够做到，或者他们努力之后能够做到，他们会尽量维持自己的形象，给我们留下前后一致的良好印象。

最近，小张面临一个很大的难题。原来，他想买房子，但是没有足够的钱。房子的首付款需要四十万，他手里只有二十五万，还差十五万没地方借呢。虽然他心里很想向父母求救，但是他也知道，父母留着钱是养老的。为此，他想出了一个好办法。当然，他的初衷是先从父母那里借钱买房，等到有钱了再还给父母，毕竟父母眼下还用不到养老的钱，而房价却如同坐了火箭一样噌噌地上涨。

这个周末，小张回家陪父母一起吃饭。饭桌上，他和父母商量："爸爸妈妈，最近房价涨得厉害，我正好也有一些积蓄，所以我想买房了。"父亲一听小张要买房，非常高兴。不过，小张却为难地说："我已经东拼西凑凑了三十五万，只差五万块钱，怎么也借不到了。你们能不能帮我周转下，我年底就能拿到几万块钱的奖金，到时候马上还给你们。"看到儿子这么懂事，爸爸妈妈都很高兴，自然也愿意支持小张。在拿到父母的五万元钱后，小张有一天突然着急地回到家里，愁眉苦脸地告诉父母："爸爸妈妈，我房子可能买不成了。出了点儿状况，原本准备借钱给我的两个同学，突然放我鸽子。我一下子还差十万块钱，实在没地方借了。要不，就算了吧？"眼看着到手的房子要飞了，爸爸着急起来："别急，别急，我帮你想想办法，不能半途而废。我和你妈还有五万块钱，我看看能不能帮你再向亲戚朋友借五万。”就这样，爸爸妈妈比小张还着急，全都积极地分头帮小张借钱。几天之内，他们就凑够了十万，让小张赶紧拿着去买房。

在这个案例中，如果小张一张嘴就和父母借十五万，父母肯定很难同意。因为小张不但要借走他们所有用于养老的积蓄，还要让他们四处帮忙借债。幸好，小张深谙登门槛效应，知道直接张口很难如愿以偿，因而先以买房只差五万首付为由，向父母借来五万元钱。然后再佯装着急地告诉父母，他的同学临时失约，他不得不放弃买房的计划。由此一来，不等小张张口，父母就先着急起来，心甘情愿地为儿子四处筹钱。

要想成功使用登门槛效应，我们一定要把最初的门槛设置得低一些。我们唯有保证自己最初提出的门槛不被对方拒绝，让对方顺利迈过去，才能提出下一步更大的要求，从而更容易被对方接受。曾经有心理学家借助于给他人募捐的机会进行心理实验，他在争取捐款的时候，总是对对方说“哪怕一分钱也好”，结果，对方捐出的金额都远远超过一分钱。朋友们，我们为人处世一定不能过于贪心，唯有由小及大，才更容易获得成功。

眉飞色舞地说话，牢牢吸引对方的注意力

现实生活中，为了增强沟通的效果，在第一时间牢牢吸引对方的注意力，我们绞尽脑汁，想出了很多办法。然而，仅凭语言进行沟通，有的时候未免显得单薄。为了达到最好的效果，我们除了要组织好语言，发挥语言的魅力之外，也可以借助于非语言帮助我们的表达加分。所谓非语言，

就是指交流中除去语言的表现力，诸如神态、肢体语言，甚至包括文字等，都属于非语言的范畴。例如，当我们觉得语言乏力的时候，有可能会急得指手画脚，面部表情也充满焦灼。再如，当我们觉得口语无法表达我们内心的细腻感情时，还可以使用书面语言，缓缓地、充满诗情画意地书写我们的内心。当然，文字并非每个人都擅长的，肢体语言有的时候显得不够文雅，唯独神态和表情，可以让我们随心所欲地在很多场合和情况下使用。

人们常说，相由心生，意思就是说很多人的面部表情恰恰反映了他们的内心世界。通常，人们在情绪波折起伏的时候，面部表情也会随之变化。虽然我们常说要喜怒不形于色，但是真正做到宠辱不惊、淡定从容，还是很难的。人是情感动物，情绪起伏不平很正常，尤其在遇到各种情况时，人的情绪更是如同大海般波澜起伏。在这时，我们如果不好言传，就要使用神态表情把我们的心声传达给他人。

尤其在与他人沟通的过程中，有的时候，我们碍于面子，很多话都不好意思直接说出来。每当这时，我们不如使用神态传情达意。如果别人能够领悟，那么我们就能轻而易举地达到目的，也无须多费口舌，既照顾到他人的颜面，也能顾及我们自身的情绪，可谓一举两得。

当然，人际交往中除了尴尬的情况之外，有的时候也会遇到想要吸引他人注意力的情况。曾经有心理学家经过研究证实，和面无表情说话的人相比，人们对说话时眉飞色舞的人，更容易留下深刻的印象，而且会受到对方的深深吸引。就像欣赏一幅画一样，色彩艳丽、姿态生动的画，显然更容易得到他人的喜欢和欣赏。所以，朋友们，不妨也让我们的表情变成一幅画吧！这样一来，我们才能更好地吸引他人的注意，让我们的话也成功地钻进他人的耳朵，走进他人的心里，使我们与他人的沟通事半功倍，效率倍增。

需要注意的是，运用神态和表情也是有很多技巧的。要想灵活使用神态语言为我们代言，我们就要多多研究神态和表情的特点，从而多加练习，让自己运用得炉火纯青，随心所欲。

运用神态语言打动人心的时候，我们需要注意以下几点：首先，我们作为倾听者，如果表现出对他人说话感兴趣的样子，就能够成功吸引他人对我们的注意力。例如，在倾听的时候我们可以身体前倾，随时作出相应的表现，或者面带微笑，或者表现出惊讶的神情，这些都是给对方的最好回应。其次，我们在与他人沟通时，还要表现得很有礼貌。记住，哪怕是一个无礼的人，也希望自己面对的是彬彬有礼者。因此，我们的礼貌，恰恰能够给对方提供更好的沟通环境。最后，在人际交往中的某些特殊场合，诸如面对我们的爱人，我们还可以表现出撒娇的表情或者姿态，在必要的时候，还可以吃醋。这样一来，我们就能吸引对方的注意力，假如对方也对我们有意，深入的交往也就水到渠成了。总而言之，运用神态和表情为自己代言没有一定之规，我们要审时度势，顺应形势，随机应变，如此才能把神态和表情运用得恰到好处。

第 03 章

看清场合再说话，不同情境用不同的说话方式

人是群居动物，每个人都生活在人群之中，都免不了要和他人打交道。语言作为交流的媒介，作为沟通的重要途径，是人与人之间的桥梁，在很大程度上决定了人际关系的好坏。要想让自己的生活与工作更顺利，要想与他人之间搞好关系，我们就必须学会审时度势，区分不同的场合，说出恰到好处的话。唯有如此，我们才能处处受到他人的欢迎。

区分不同场合，说恰到好处的话

在人际交往中，语言的作用不容小觑，甚至能够影响我们的生活与工作，并影响我们的人生和命运。正因为如此，现代社会，我们才把人际关系提升到前所未有的高度，且更加重视人际关系。当然，任何时候，我们说话都要三思，千万不可口无遮拦，更不可把话说得让他人无法面对，给他人带来尴尬。尤其是在很多公开的场合，让气氛变得尴尬和难堪，只会使我们成为众矢之的，只会让我们被所有人排斥和抗拒。因而，聪明的朋友一定知道，要区分不同的场合，说出恰到好处的话，让自己和他人都随意轻松，和谐融洽，才能有助于人际关系的发展，帮助我们建立更加丰富的人脉资源。

幽默，是一种很优秀的品质。具有幽默的品质，在人际关系中，能够起到润滑剂的作用。所以，在与人交流的时候，适当发挥聪明机智，幽默一下，会让气氛和情况更和谐融洽，也能够得到他人更好的对待。但是，假如不分场合，在不应该幽默的时候偏偏幽默了，那么就会导致事与愿违。由此可见，要想让交流事半功倍，我们必须区分不同的场合，把话说得恰到好处，说到他人的心里去。

第二次世界大战末期，东方和西方很多国家的首脑都聚集在埃及开罗开会。有一天，时任美国总统的罗斯福有急事，因而直接去丘吉尔下榻的酒店，要与丘吉尔见面商议。丘吉尔一直居住在湿润寒冷的英国，来到开罗后根本受不了开罗燥热的气候。在开罗，白天气温高达40摄氏度，他热得大汗淋漓，因此，即使是在白天，只要没有会议，丘吉尔就会把浴缸里放满水，然后浸泡在浴缸里解暑降温。当罗斯福急急忙忙赶到酒店时，丘吉尔的下属来不及向丘吉尔汇报，只好直接通知丘吉尔马上穿衣服会见美国总统。不承想，罗斯福心急如焚，居然直接循着歌声闯入丘吉尔所在的房间——浴室。就这样，罗斯福见到了赤条条躺在浴缸里的丘吉尔。

当时的情况尴尬极了，幸好罗斯福非常机智，他马上笑着说：“我有十万火急的事情找你，这可真好，我们如今真正做到坦诚相对了。”丘吉尔也思维灵活，悠闲地躺在浴缸里笑着说：“总统先生，你面对这样的我，一定要相信我对你真的没有任何隐瞒。”就这样，他们你来我往地对话，马上化解了尴尬，也让他们接下来的交谈非常愉快、和谐。

丘吉尔正在洗澡，罗斯福却在不知情的情况下，循着歌声闯入浴室，原本这件事情是非常尴尬的，但是他们恰到好处的机智幽默，让尴尬变得非常轻松，还为世人留下了一件奇闻趣事。

人在一生之中，总会遭遇各种各样的情况。有的人面对尴尬，会选择逃避，或者是自欺欺人。其实，勇敢面对尴尬，以轻松淡然的心态化解尴尬，才是面对尴尬的最好办法。打个形象的比方，做人就要像“变色龙”以不同颜色融入环境一样，也要审时度势，根据现场的情况及时调整自己，从而使交谈的气氛变得更加友好，令每个在场的人也都能够轻松自如。

任何时候，我们都要管好自己的舌头

人生之中，每个人都既有欢乐也有忧愁，甚至有的时候还会遭遇意想不到的意外，或者难堪和尴尬。不管在任何情况下，也不管我们情绪如何，我们都要管好自己的舌头。正如古人所说的，言多必失，祸从口出。当然，我们不能因噎废食，因为害怕闯祸就绝不说话，但是我们一定要多多注意，要三思而后言，把每句话都说得恰到好处，以免给他人带来伤害，给自己招致麻烦。

记得曾经有位名人说，假如你无话可说，那就保持沉默。我们每个人都应该牢记这句话，在任何情况下，都不要没话找话，说些无聊和没有意义的话。否则，就会招人讨厌，还有可能因此闯祸。曾经有个国王命令大臣去找世界上最好和最坏的东西，结果大臣都拿回舌头交给国王。尽管这只是一个寓言故事，但它为我们揭示了深刻的道理。古人云，成也萧何败也萧何，我们要说，成也是说话，败也是说话。恰到好处地说话，能够让我们做人做事更完美。不合时宜地说话，只会招来祸患，轻则得罪他人，与他人不欢而散，重则导致我们与他人反目成仇，后果严重。所以，不管什么时候，我们都要管住自己的嘴巴，这样才能把舌头运用得恰到好处。

有人说巧舌如簧，也有人说沉默是金。实际上，舌头的好坏取决于我们的掌握。例如，在尴尬的气氛中，假如我们说好一句话使气氛瞬间变得活跃起来，那么舌头就是大功臣；相反，原本和谐融洽的气氛，因为我们的一句话被破坏，导致现场的人都很尴尬，不知所措，那么舌头就闯祸了。要想避免这种情况的出现，我们一定要三思而后说，从而做到该说的话说，不该说的话不说。如果有些话实在不知道该不该说，暂时保持沉默也是很好的选择，至少沉默能让我们正视自己的内心，从而更加认清自己。

玛丽很小的时候，她的父母就离婚了。父亲重新组建了家庭，玛丽不得不跟随母亲逃离这个伤心地，搬到新的城市生活。渐渐地，玛丽看到其他同学都有父亲母亲，生活那么幸福，她的心里越来越不平衡，对同学充满了敌意。也因为到了新的环境中生活，她根本没有可以说知心话的朋友，所以这些负面情绪在她心里越来越堆积，导致她苦恼不已。

有段时间，玛丽就像一个刺猬一样，浑身都是刺。她不愿意别人接近她，也不想和任何人有任何交往。偶尔有同学和她说话，她马上就进入戒备状态，恨不得用语言发泄自己的愤怒。有的时候，哪怕同学好心关心她，她也会故意说些气人的话，让同学都离自己远远的。就这样，玛丽在新的班级中被边缘化了，很多同学私底下都叫她小怪物。这样的情况，让玛丽感到很痛苦。直到有一天，班级里的乔治坐到玛丽身边，对玛丽说：“玛丽，我理解你。我的父母也离婚了，我知道你的感受。不过你要知道，父母离婚是因为他们不再相爱，并不意味着他们不爱我们了。而且，我们要友好地对待别人，自我封闭并不能改变什么。我想，你可以像我一样，假如真的不知道说什么，不如就保持沉默，什么也不说。时间久了，情况一定会有所改变的。”

玛丽当然知道自己如今状况很糟糕。因而，她决定按照乔治说的，什么也不说。后来，玛丽果然变得越来越隐忍。她哪怕情绪不好，也不再随意地向同学发泄愤怒了。每当那些口不择言的话到了嘴边，她都努力忍住。最终，玛丽学会了控制自己的情绪，与同学们之间的关系也越来越好了。

假如玛丽没有管好自己的舌头，那么她一定会得罪更多的同学，最终成为孤家寡人，非常寂寞。幸好她接受了乔治的好心劝说，学会了在不知道说什么的时候保持沉默。语言虽然只是日常的沟通和表达方式，但是在我们的生活中扮演着非常重要的角色。我们唯有把握好语言，管好自己的舌头，才能避免祸从口出，才能通过沟通建立良好的人际关系。

任何时候，我们都不应该以语言作为利剑，狠狠地刺伤他人。没有人的生活是一帆风顺的，哪怕我们在生活中遇到了坎坷挫折和磨难，我们也要管好自己的舌头，用语言善待他人。要知道，诋毁和伤害他人根本于事无补，我们要想让事情出现转机，不如更好地对待自己，鼓起生活的勇气。当然，舌头本身并不会说话。我们要想管好舌头，首先要做的就是端正心态，让自己从容淡然，不因生活中那些小小的悲喜而变得歇斯底里。老司机都知道在红绿灯前宁停三分不抢一秒，当我们情绪激动，舌头马上就要失去控制的时候，不如也停顿片刻，让我们的思维恢复理智和冷静，让我们的舌头不再如同脱缰的野马一样不受控制。

友好交流，不要把语言当武器

犀利的语言就像一把尖刀，会刺向他人的心，让他人的心滴血。因为说出去的话如同泼出去的水，再也无法收回，所以犀利的语言在伤害他人之后，会在他人的心底留下永远的创伤，无法抹平。这就是语言的魔力。当然，语言也并非只有负面的作用，友善的语言也会像春风一样吹拂人的内心，让人心中春暖花开，阳光灿烂。其实，语言起到怎样的作用，并非取决于语言本身，而是取决于说话者的语言组织、语气腔调等方面的因素。同一句话，由不同的人说出来，或者是由相同的人以不同的语气和口吻说出来，效果都是完全不同的。因而，我们必须学会与他人友好地交流，千万不要把语言当成武器，否则最终一定会使我们的人际关系越来越恶化。

对于语言交流，很多人都存在误区，觉得只有粗暴的语言才具有力量，只有犀利的语言才能给他人留下深刻的印象。其实不然。正如民间所说的，有理不在声高。很多时候，我们要想让别人全神贯注地听我们说话，最好的方式不是抬高声调，而是降低声调。

当然，朋友们，不可否认，我们很多时候都会被愤怒驱使，甚至完全失控。的确，愤怒的时候无所顾忌地发泄，让自己的每一句话每一个字都变成子弹，射入对方的心里，这当然使人感到痛快。但是痛快之后呢？我们一时的情绪发泄，必然给我们带来深刻的痛苦。这些失控的语言导致的麻烦和苦恼，必然更加长久地困扰我们，使我们无法摆脱。对于那些打心眼里对我们不服气的人，我们的语言不管多么犀利苛刻，也无法真正降服他们。现实生活中，很多父母唠叨孩子，很多妻子训斥丈夫，却不知道这样做根本于事无补。假如我们能够以理服人，以情动人，把百炼钢变成绕指柔，也许事情就会有更多的转机。如今，人们越来越重视人际关系，在乎与他人之间的交往，所以也有更多人明白了只有态度友善才能让交流更顺畅、更成功。

作为一名留学生，亚当因为高昂的房租，生活越来越拮据。这套单身公寓距离学校很近，方便学习和生活，所以他并不想搬家，只是想让房主给他降低房租。然而，他也很清楚房主是很难打交道的。为此，他决定写一封信给房主。

他在信里写道："亲爱的房东，您好。我与您的租房契约马上就要到期了，我会提前一周配合您的新租户看房。很遗憾，我不得不搬走，因为我只是个穷学生，实在无力继续负担高昂的房租。不得不说，您是个非常好的房东，我很舍不得您，我也很喜欢您的公寓，它对于我而言简直是不二之选。”收到亚当的信后，房东马上登门拜访亚当。从始至终，亚当都没有提过房租过高的话题，而是一直在和房东夸赞这套小公寓的好处，而且表示自己住在这里特别快乐。最后，亚当才说：“不知道谁会是下一个幸运的新房客，可以住在您的公寓里读完整个大学。我真的很羡慕他。”这时，房主问：“你真的不考虑继续住吗？”亚当这才为难地说：“我当然愿意继续住。只是，您知道，我的学业繁重，平时根本没有时间勤工俭学。仅仅依靠家里寄来的那些费用，我无法再继续承受高昂的房租。”房主看着亚当，若有所思：“你觉得房租多少钱，你才能继续住下去呢？”亚当马上说：“我真的很不好意思。我觉得房租至少要便宜百分之三十，我才能勉强支付，维持生活。”房主想了想说：“这样吧，我把房租给你减免百分之三十，希望你一直住下去。”亚当对房主千恩万谢。他终于得到了自己想要的结果，可以不用搬家了。

亚当很聪明，他没有采取强硬的态度威胁房东降低房租，而是首先夸赞小公寓，也赞美房主。这样一来，房主就不会因为亚当的态度而对亚当心生抵触。接下来，亚当再诉说自己的苦衷，博得房主的同情，从而顺利让房主心甘情愿降低百分之三十的房租。这样一来，亚当就可以继续住在这套舒适的小公寓里了。

要想说服他人，我们无须把自己的意见强加于人，也无须使用高压政策打压他人，更不用威逼利诱他人。我们唯一需要做的就是以友善的态度对待他人，这样我们才能得到他人同样友好的对待。就像著名的南风和北风一样，温暖的南风反而能够使行人把厚重的棉衣脱下来，凛冽的北风只会使人把厚重的棉衣越裹越紧，甚至把围巾帽子都统统戴上。假如我们能够更好地运用友善的沟通方式，那么我们一定会变得更强大，更有力量。

全神贯注地倾听，才能顺利沟通

对于沟通，很多朋友都存在误解，即认为语言表达是比倾听更重要的，所以在沟通的过程中一定要说，如此才能达到预期的效果。其实，这完全是对沟通的误解。在任何沟通中，倾听都是基础。我们唯有认真倾听对方的谈话，才能表现出对对方的尊重，才能赢得对方的尊重。试想，假如你正在和某个人说话，这个人却对你的话心不在焉，那么你还会对这个人产生好印象吗？答案当然是否定的。正如人们常说的，尊重是相互的，我们必须全神贯注地倾听他人，才能顺利与他人沟通。

从交流的角度而言，交流的目的就在于信息的沟通和传递。要想把话说到点子上，说到他人心里去，我们就必须了解他人。要想做到这一点，就必须倾听他人。倾听，帮助我们走进他人的心里，更好地倾听他人，使我们不但能够得到关于他人的有用信息，也能帮助他人平息情绪。

约翰前几天在商场里买了一套高档西服。但是，他才穿了半个小时，就发现这套价值不菲的西服居然褪色，把他的白衬衫都染黑了。为此，他马上带着西服去了商场，找到那天卖西服给她的售货员，想把情况讲给对方听。但是，售货员显然非常强势，约翰才说了几句话，还没有说到重点呢，售货员就打断他："不可能，我们的西服已经卖出去几百套了，从来没有这样的问题，也从来没有人像你一样回来找我们的。"这位售货员说的话原本就很难让人接受，她的腔调更是让约翰无法忍受，她似乎在指责约翰没事找事，鸡蛋里挑骨头，是来讹诈的。为此，约翰马上火冒三丈，和售货员吵了起来。正在此时，另一个售货员来了，说："先生，这个价位的西服就是这样。像那边贵一大截的西服，就不会存在这样的问题。"听了第二个售货员的话，约翰更加怒火难耐。他说："你的意思是我买的便宜货，就该承受这样的质量吗？”接下来，更是一番唇枪舌战。眼看着事态不断升级，约翰怒不可遏，商场的经理来了。

见到约翰，经理笑着问：“先生，请问您这边有什么问题需要反馈吗？”这时，约翰才原原本本地把事情讲述了一遍。等到约翰说完，经理又问：“您说的问题我知道了，请问您希望得到怎样的处理结果呢？”此时，约翰已经发泄了心中的怒气，因而说：“我原本想退掉衣服，但是既然你承认问题，我愿意再试穿一个星期。假如还是不好，我再来找您处理，好吧？”经理当然同意，问题就这样解决了。

同样的问题，不同的处理方式，结果是不同的。其实，约翰只是想倾诉，那两个售货员却以各种理由打断和否定他，因此他的愤怒才会不断升级。商场经理则不同，他给了约翰倾诉的机会，从而使约翰的愤怒得以发泄出来，问题自然迎刃而解。

现实生活中，很多看似态度强硬的人或者是愤怒不已的人，实际上我们并不需要特殊针对他们说什么或者做什么。只要我们给予他们足够的尊重，耐心倾听他们的倾诉，他们的心理需求就能得到满足。由此可见，倾听才是顺利沟通的关键，也是人际交往的技巧和必备策略。

引起对方的兴趣，才是交谈的关键

每个人都有自己感兴趣的事情，因此，在交谈的过程中，我们要想投其所好，最好的办法就是迎合对方的兴趣，说些对方感兴趣的话题。这样一来，交谈才会更加和谐愉快，才能进展顺利。当然，我们也更容易通过交谈达到预期的目的，如愿以偿。

现代社会，人际关系非常重要，人脉资源也被提升到前所未有的高度。我们不但在生活中要与形形色色的人打交道，在工作中也难免需要和同事、上下级以及客户等人接触。我们唯有提升自己的沟通能力，才能成为说话的高手，在沟通过程中成功把控与他人的关系。美国前总统罗斯福，就是一个善于沟通的人。每一个曾经和罗斯福交谈过的人，都会被他渊博的知识和善解人意的心所征服。原来，罗斯福在会见任何人之前，都会提前一个晚上熟悉对方的相关资料，了解对方感兴趣的话题。这样一来，他在见到对方之后，当然能够与对方畅谈不已。其实，不仅是罗斯福，很多成功人士之所以会受到他人的欢迎，就是因为具备这样的优点。我们虽然是普通人，也要养成这样的良好习惯，从而保证与他人交谈时不会冷场，不会因为彼此相对无言而感到尴尬。

如果我们每次与他人交谈时都能谈论他人感兴趣的话题，那么交谈的效果一定会成倍增长，我们的人际关系也会变得非常好。其实，这种方法不仅适用于熟悉的人之间，诸如亲戚朋友、同学同事等，还可以运用于商业推广中。尤其是从事推销工作的推销员，假如能够在交谈中引起对方的兴趣，激起对方的谈兴，那么交谈一定会事半功倍。

作为一名保险推销员，杜丽最近一直在跟进一个大客户。这个大客户实力雄厚，不但要给自己和家人购买保险，还准备给公司里的员工买保险呢。为此，杜丽绞尽脑汁，想要拿下这个客户，却始终没有取得突破性的进展。

这一天，杜丽又和往常一样带着保险的资料来拜访客户。她在等待客户开会时，无意间看到客户的办公室里摆放着一个骆驼的头骨。不知为何，她马上想到三毛在《撒哈拉沙漠》中写的骆驼头骨。等到客户结束会议回到办公室，杜丽没有像以前一样开门见山地谈起保险，而是问：“张总，您去过撒哈拉沙漠吗？”张总有些惊讶地看着杜丽，问：“你怎么知道？”杜丽笑着说：“那个骆驼头骨非常珍贵，是您从撒哈拉带回来的吧？当时我去撒哈拉的时候，在展览馆里，也看到过这样的头骨，简直太漂亮了。”就这样，杜丽和张总似乎转眼之间成了朋友，他们围绕撒哈拉沙漠的问题不停地交流着，有说不完的话题。次日，张总主动打电话给杜丽，让杜丽带着保险合约去他公司签约。

杜丽如果依然找不到突破口，那么对于张总的业务展开就会非常艰难。幸好，她发现了自己和张总共同的兴趣点，那就是撒哈拉沙漠。毫无疑问，张总在枯燥的工作之余也很愿意说些自己感兴趣的事情，但是对于没有去过沙漠的人，他讲起沙漠来就像对牛弹琴。遇到杜丽这个“志同道合”的人也算缘分，因而张总也说得不亦乐乎。就这样，杜丽以张总感兴趣的话题成功吸引了张总的注意力，也博得了张总的认可。

朋友们，不管是在生活还是工作中，我们几乎每天都需要与他人打交道。要想与他人之间的交流更加和谐，吸引他人的注意力，我们必须说些他人感兴趣的话，这样才能让他人乐意与我们交流，让沟通更加深入。当然，在说话的过程中我们必须注意，首先要表现出热情；其次要真诚表现出对他人诚挚的关心；最后还要说些他人感兴趣的话题，从而让我们与他人的交流更成功。

适度掌握交流时间，让谈话事半功倍

鲁迅先生说，时间就是生命，浪费他人的时间无异于谋财害命。的确，现代社会生活节奏越来越快，工作压力越来越大，我们整个人就如同旋转的陀螺一样忙着生活和工作，根本无暇停下来。在这种情况下，我们更要珍惜时间，珍惜宝贵的生命，让生命更有宽度和意义。

很多人在与他人交谈的时候，或者因为自己心中郁郁寡欢需要倾诉，或者因为自己无所事事需要消磨时间，哪怕一点点小事情，也会与他人谈论很长时间。殊不知，别人虽然正在强颜欢笑对待你，也许心中早就对你感到厌烦了。识趣的人还好，尚且能够主动结束谈话，不浪费他人的宝贵时间。但如果是不识趣的人，就会对他人为难的表情视若无睹，导致他人心中着急，有苦说不出。等到下次再相遇时，听话者一定会因为苦不堪言而及时避开。就像鲁迅先生笔下的祥林嫂。原本，大家都对祥林嫂的悲惨遭遇感到同情，但是随着祥林嫂见人就说，而且说起来没完没了，人们对她的同情都耗尽了，再也没有人愿意听祥林嫂诉说，甚至远远地看到祥林嫂就躲开了。我们由此不难看出，任何话，不管是好话还是坏话，都经不起没完没了的诉说，而且任何人都不喜欢被他人浪费时间。所以，在与人交流时，我们必须适度掌握交流时间，从而让我们与他人的交谈事半功倍，效率倍增。

张骞是个非常热情的人，对待朋友真诚友善，而且在朋友有了危难的时候总是竭尽所能，全力相助。然而奇怪的是，张骞的人缘不是很好。他的朋友之中，很少有人主动邀请他去家里做客的。为此，张骞困惑不已。

有一次，张骞买了礼物去拜访一位朋友。因为事先没有约好，所以那个朋友恰巧中午有其他的安排，着急出门。不承想，张骞去了之后就坐在沙发上滔滔不绝，口若悬河，从天文地理，说到战争人文，简直使人误以为这个世界上没有他不知道的事情。朋友看着张骞不停地说啊说啊，还要赔着笑脸，早就满脸倦容了。最重要的是，他必须在十一点半之前赶到饭店，为此，到了十一点，他不得不下了逐客令：“实在不好意思，张骞，我今天中午十一点半必须赶到饭店，我的爷爷奶奶过大寿，去晚了肯定不行。要不，你改天再来我家玩，到时候我给你做好吃的。这次，真是不好意思了。”张骞这才恍然大悟：“哦，我想起来了，我一进门你就告诉我正准备出门呢！哎呀，耽误你这么长时间，那你快走吧，我也走了。”

张骞这样健谈，就算朋友中午没有约会，也一定会苦不堪言。其实，人与人交往，一定要把握好度。过于亲密的关系，往往就意味着疏远，我们也不能不拿自己当外人，随随便便往别人家里一坐，就忘记走了。就算朋友没有事情，我们也要适时告辞，毕竟现代人很注重私人空间，根本不愿意把自己所有的私人时间和空间都奉献给朋友。就像西方国家排队的时候人与人之间都要保持安全距离一样，我们也一定要让我们的生活和他人的生活保持适度距离。

一寸光阴一寸金，寸金难买寸光阴。现代社会每个人都在争分夺秒地生活，我们要注意节约宝贵时间，不要把大好的生命时光都浪费在毫无意义的交谈上。如果是有目的的交谈，我们大可以言简意赅，三言两语就说清楚自己的意思；如果是闲聊，那么就要你情我愿，彼此心甘情愿，才能愉悦地交谈。当然，愉快交谈，不但要有好的开头，也要有适时的结束，才能更加完美。

第04章

初次见面注意分寸，一开口就给人留下美好印象

与熟悉的人交流，我们尚能在曾经相互理解的基础上把话说得恰到好处，至少不会无缘无故得罪人。而对于初次见面的陌生人，原本就缺乏理解，无法包容，再一开口就让对方生气，则一定会导致我们给他人留下恶劣的印象，再也不能成功打开他人的心扉。所以，对于初次见面的人，我们一定要做好准备工作，谨言慎行，把握好分寸，从而避免伤害他人，也使人际关系朝着好的方向发展。

恰到好处的称呼，给对方留下好印象

人与人在交往的时候，都要相互称呼。当然，对于普通关系的人而言，也许直呼其名就好。但是对于长辈或者上司，对于初次见面的重要人物，诸如客户等，我们一定要仔细斟酌，恰到好处地称呼他人，才能给他人留下好印象。如果我们不能恰到好处称呼他人，则他人一定会对我们心怀不满，甚至与我们之间的关系恶化，无法挽回。由此可见，称呼的事情可大可小，我们必须慎重对待。

所谓称呼，也就是称谓。现实生活中，人与人之间说话，总不能以“哎”作为打招呼的话，这样一则显得没礼貌，二则人与人之间无法区分。当然，对于熟悉的人而言，称呼已经约定俗成，也不会得罪人。尤其是对于关系亲密的人而言，有的时候甚至会以称呼开玩笑，也无伤大雅。但是对于初次见面的人，称呼是很有讲究的。倘若我们不用心，称呼错了别人，那么我们的努力就会付诸东流，甚至从此之后被他人彻底否定。

大学毕业后，倩倩进入一家公司成为销售员，从最基本的销售业务做起。虽然倩倩人长得漂亮，也很有气质，但是她的销售业绩始终不好。为此，倩倩的主管决定观察倩倩是如何接待客户的，以便找到原因。

一天，店里进来一位五十岁上下的女士。显而易见，这位女士是来为自己选购名牌包包的，因为她连看都没看男士包包，而是一直在女士包包的区域徘徊。为此，倩倩热情地走上前去，问：“阿姨，您看中哪款包了？我可以给您介绍下包的材质、款式。”那位女士满脸不高兴地白了一眼倩倩，说：“不需要，您请自便吧，我自己会看的。”倩倩不知道为何自己满怀热情却吃了闭门羹，因而很委屈地退了回去。这时，主管对倩倩说：“看我的！”说完，主管也满脸微笑地快步走向中年女士，问：“您好，女士，请问您想选择什么样的包包？”女士看了看主管，似乎还没有从刚才倩倩给她带来的不愉快中走出来，不冷不热地说：“办公休闲两用的，要时尚一些的。”这时候，主管说：“按照您的年纪，您现在看的包包有些老式了。我建议您看看那边的那款包，那是今年的最新款，最适合三四十岁的职场金领，而且是限量包，昨天才刚刚到货。”听到主管的话，那位女士突然就高兴起来，说：“我可不是三四十岁，我已经五六十岁喽！”主管惊讶地说：“大姐，您可别开玩笑了，你看着顶多比我大几岁，不过我觉得您的气色可比我好多了。您气质好，气色也好，真的完全看不出来年龄呢！”女士笑了，说：“你这个小丫头，可真会说话，比刚才那个上来就叫我阿姨的小丫头讨喜多了。你知道，我们这个年纪的人，最怕别人说我们老！”主管轻松地说：“那个小丫头才刚刚大学毕业，总觉得自己还是十几岁的孩子呢，所以见谁都叫阿姨，刚来的时候还叫我阿姨呢，你别和她一般见识。”就这样，主管和那位女士高兴地聊开了。那位女士最终高高兴兴买了一个高档包包，满意而归。

在这个案例中，倩倩一上去就不分青红皂白叫女士阿姨，显然犯了大忌。要知道，五十岁左右的女士年纪不上不下，最不愿意别人把她们叫老。主管则不同，先是以女士称呼对方，然后再以恭维话赞美对方年轻，对方当然会转怒为喜，变得轻松愉快。这样一来，再推销包包也就容易得多，交易也就很容易达成了。

推销人员在面对客户的时候，一定不要随便称呼客户。其实，现代人都不喜欢显得老，不管是面对男士还是女士，把握分寸，把客户往年轻里叫，总归是没错的。例如，在职场上遇到上级，如果不知道如何称呼，就按照对方更好的官位称呼，也是没错的。无论如何，把别人称呼得更高，总比把别人称呼得低要好。人生在世，总是有机会面对很多陌生人，我们要恰到好处地称呼他人，才能给他人留下良好印象，与他人建立良好关系。诸如对方的年龄、职业和身份、地位等，都是我们在称呼他人之前需要考量的。

寒暄，帮助人与人变得亲近

面对陌生人，我们很难刚刚见面就和对方掏心掏肺地交流，要想拉近关系，只能先说些无关紧要的话。在英国，人们通常习惯以天气为由头展开交谈，与他人之间进行寒暄。在中国，人们对于日常关系，总是喜欢问对方“吃了吗”，从而搭上话茬。的确，寒暄的话题总是显得不那么重要，而且有种没话找话说的感觉；但也恰恰是寒暄，帮助初次见面的人们之间建立关系，使得彼此更加亲近，变得不那么无话可说，并驱散人们之间的尴尬和难堪。寒暄能够帮助我们打破初次见面的僵局，缩短我们与他人之间的距离，拉近我们与他人之间的关系，从而营造和谐友好的人际交往气氛。

很多人都有这样的体会，即面对初次见面的人，第一句话往往是最难说出口的，也很难取得良好的效果。这很正常，因为我们对他人毫无了解，也根本不知道如何与他人进行恰到好处的交流。这一切，都是因为陌生。既然陌生是我们与他人之间的门槛，我们就要避开陌生，在寒暄的时候，可以多与他人说些堂而皇之的话。诸如，我们可以像英国人一样聊天气，也可以进行简单的自我介绍，表明我们对于他人亲近友好的态度。如果实在无话可说，我们还可以说说明星、公众人物等，或者说说当下社会上的热点新闻。这些都是比较保险的话题，能够成功帮助我们打破冷场，使我们与他人有话可说。

这个周一，兽医小雅特别忙碌。她一边工作，一边看着等待在候诊室的人们，心情未免有些沉重。原来，那些人抱着各自的宠物等待着，根本谁也不想搭理谁。而小雅是个很有趣的人，她不喜欢这么沉重的气氛，她喜欢看到人与人之间友好和谐的样子。

小雅不时地看向候诊室，但是候诊室里始终冷冷清清，鸦雀无声。突然，从外面走进来一个年轻人，抱着一只小狗。年轻人四处巡视，找到一个空座位，赶紧走过去坐下。他左顾右盼，后来问与他相邻而坐的一位女士：“您的小狗怎么了？也是来做绝育的吗？”女士摇摇头，说：“不是的，我的小狗去年就做过绝育了。它好像感冒了，总是打喷嚏。”“是啊，最近这个天气，人都受不了，别说狗了。气温就像坐过山车一样，忽高忽低，我们单位都好几个人感冒了呢！”就这样，年轻人与那位女士就像打开了话匣子，越聊越高兴。诊室里的其他人似乎也受到他们的感染，觉得这样安安静静地坐着实在太无聊，居然也开始交头接耳、窃窃私语起来。他们大多数以怀里抱着的宠物为话题开始聊天，很快就熟悉起来，候诊室里越来越热闹了，小雅的心情也越来越好。

要想与陌生人交谈，一定要先以轻松愉快的话题搭讪。毕竟，人都是有警惕心理的，只有看似有一搭无一搭的寒暄，才能让人们彼此之间放松警惕和戒备心理，变得亲近起来。等到寒暄之后再说些正式的话，也就显得不那么突兀和难以接受了。

想要与他人寒暄，实际上并没有我们想象中那么难，我们有很多话题可以打破人与人之间的沉默。诸如，我们可以先进行自我介绍，介绍自己给对方认识，这样一来，只要对方不讨厌你，就一定会投桃报李，也向你介绍自己。再如，我们还可以主动问候对方。所谓伸手不打笑脸人，只要我们满面笑容，真诚友好，其他人是不会拒绝我们的好意的。又如，我们还可以根据与他人见面时的情况随机应变，找到合适的话题与他人搭讪。如果担心得不到他人的友好回应，我们还可以以赞美他人为开始，或者找到我们与他人的共同点，如籍贯、年纪、爱好等，这些都是很好的桥梁。总而言之，只要我们想与他人寒暄，总能找到合适的话题。当然，对于寒暄人们并没有明确规定，寒暄的话可长可短，只要合适，就是最好的。不过需要注意的是，寒暄应是随意的，无须表现得过于紧张和正式。很多时候，我们的轻松也会感染对方，让对方变得轻松起来。

如何说好见面的第一句话

常言道，凡事一回生二回熟。面对我们初次见面的陌生人，我们对他们毫无了解，却要尝试着与他们进行交流和沟通，如何才能张开嘴说出第一句话呢？看似简单的一句话，假如我们变得紧张，那么说出口就会变得难上加难。对于那些和我们差不多的人，我们尚且可以做到灵活开口。但是如果对方身份特殊，是我们的长辈或者未来的上司，甚至有可能是我们在父母强迫下见面的相亲对象，我们又该如何开口呢？生活中，总有些尴尬的情况需要我们面对。尤其是在陌生人面前，我们总是手足无措，甚至连一句完整的话都说不出来。其实，这完全是因为我们的心理状态导致的。假如我们能够放松一些，不那么紧张，那么我们就不会说起话来磕磕巴巴，心里紧张不已。

众所周知，人对他人的印象中，第一印象起到非常重要的作用。同样的道理，在我们与他人初次见面时，我们的第一句话也是至关重要的。假如我们第一句话说得不入耳，让别人对我们产生抵触心理，那么我们接下来的话就很难发挥作用，甚至难以挽回我们给他人留下的恶劣印象。相反，假如我们第一句话就成功说到他人的心里去，而且给他人留下了好印象，那么我们接下来与他人的交往就会非常顺利，我们与他人之间也会越来越熟悉、亲切。这就是第一句话的魅力。朋友们，我们千万要说好第一句话啊!

第一句话，也叫开场白。很多人出场时，人们未见其人，先闻其声。就如林黛玉初到贾府时，王熙凤的出场方式就是人还没有到，声音就先到了。这足以看出她的脾气秉性，也反映出她在贾府中的地位和贾母对她的宠爱和器重。还有的人，一开场喜欢进行自我介绍。在自我介绍时，他们言辞中肯，态度不卑不亢，既不失热情，也不失礼貌，因而给人留下了很好的印象。还有的人在与他人说第一句话时，会把自己的情绪融入话里。当然，这么做是有些冒险的，因为我们还不知道他人对待我们的态度如何呢！但是，我们在话里融入感情，的确能够调动起对方的情绪，从而使我们与对方的关系瞬间变得亲近，也能尽量在最短时间内清除我们与对方交流的障碍。当然，说好开场白的方式绝不仅仅局限于这几种。世界上的万事万物，包括人在内，都是瞬息万变的。可以说，这个世界上唯一不变的就是变化。这就要求我们也要用与时俱进的眼光看待生活中的一切，从而顺应形势，随机应变。

迄今为止，丝丝还记得第一次和初中数学老师张老师见面的情形。那天，大家都刚刚来到初中的校园，坐在初中的课堂里，心中的新奇和兴奋可想而知。在见过班主任之后，第一节课是数学课，所以大家都在猜测数学老师究竟是怎样的人。上课铃响过之后，数学老师还没有来，大家不免窃窃私语，有心急的同学更是把脑袋探出窗户外面，想抢先对数学老师一睹为快。随着一声“老师来了”的警报，同学们全都正襟危坐。只见一位中年男士走上讲台，面向同学们，开门见山地说：“大家好，我叫张琦，就是长得奇怪的意思。”说完，老师还用手指了指自己的络腮胡，继续说：“看吧，我这头发都长到脸上了，是不是很奇怪呢？”同学们听完老师的话，全都哄然大笑。迄今为止已经二十年了，丝丝依然清晰地记得张老师当天的亮相。

不得不说，张琦老师的开场白非常成功。他把自己的络腮胡和自己的名字——“张琦”联系起来，把自己的名字解释为“长得奇怪”，从而逗笑同学们，缓解原本紧张不安的气氛，也给全班同学留下了非常深刻的印象。

人生在世，总要认识很多陌生人，总要与陌生人从陌生到熟悉，说出彼此交往的第一句话。也许有些朋友会说，我遇到陌生人从不主动搭讪，都等着他们搭讪我。的确，对于无关紧要的人，我们确实可以如此被动，但是如果对方是我们想要结交的人呢，我们一味地等待最终会换来什么呢？人生该出手时就要出手，我们也要瞅准时机结识更多的人，这样才能为自己的人生争取到更多的机会、扶持和帮助。因此，朋友们，不要再被动等待了，我们要从现在开始就主动出击，让自己的人生变得没有遗憾。这一切，都要从说好开场白开始！

给予对方什么，你就会得到什么

生活在这个世界上，谁人背后无人说，谁人背后不说人。人们长了一张嘴巴，除了吃饭喝水之外，就是用来说话的。但是，背后议论人无论如何都是不好的。很多话，我们与其背后说，不如当着别人的面说出来，这样至少证明了我们的坦荡清白。在复杂的人际关系中，很多朋友都抱怨命运不公平，或者抱怨自己的付出没有得到应有的回报。其实不然。世界就像一面镜子，我们如何面对世界，世界就回馈给我们什么。同样地，人作为感情动物，更是容易按照感情的指引做人做事。因而在面对他人的时候，我们千万不要抱怨他人过于冷漠或者吝啬赞美，而是要反省自己：我们是否做到了像我们期待别人的那样对待别人？

生活是一面镜子，别人的心也是一面镜子。现实生活中，有很多朋友妒忌心理特别强，他们不管做什么事情，都要与他人一较高下，哪怕明知别人的确比他们高明，他们也不愿意对别人表示服气，甚至还会故意贬低别人。不得不说，这样的人都是心理阴暗的人。我们当然希望自己好，但是我们也要真诚地祝福他人。尤其是在人际交往过程中，我们千万不要吝啬赞美，当看到别人有某些地方比我们更好时，唯有真诚地赞美他人，才能表现出我们自身的高度和品质。

尤其是面对初次见面的陌生人，因此彼此之间此前并不了解，也没有比较，所以，我们对待他人的态度，几乎就是他人对待我们的态度。我们对待他人冷若冰霜，他人一定不会对我们热情。我们对待他人吝啬苛刻，他人对待我们也会以牙还牙。假如我们一开始就毫不吝啬地真心赞美别人，那么别人也会给予我们同样的回馈，也真诚地赞美我们。民间对于关系密切的人们，总是形容他们“两好换一好”。这句话虽然听起来就是大白话，很俗气，但是说得很有道理。正如打架一个巴掌拍不响一样，人们彼此之间要想处得好，关系亲密，就必须以真心换取真心，绝不可投机取巧。

这次比赛中，小马要面对的对手是刘斌。毫无疑问，刘斌和小马实力相当，而且在前几年的比赛中已经经过了激烈的竞争，却不分伯仲。为此，小马这次比赛的目的之一，就是要彻底战胜刘斌，不再让刘斌横亘在他进步的道路上。然而，在真正见到刘斌时，小马并没有对刘斌怒目以视。作为这么多年的竞争对手，他们彼此了解，俨然已经成为朋友。因此，小马非常高兴地和刘斌打招呼，还激励刘斌："老朋友，加油啊！"看到小马如此有气度，很多人都对小马表示钦佩和赞赏。包括刘斌，也对小马非常友好和热情。可想而知，不管他们竞争的最终结果如何，他们是对手也是朋友的关系，永远不会改变。

很多人面对竞争对手，都如临大敌，甚至恨不得马上战胜对方，彻底取得胜利，从而为自己扫除一个障碍。毫无疑问，基于这样的心态，人们与竞争对手的关系必然剑拔弩张，非常紧张。但是对于案例中的小马而言，他在看到竞争对手时，先是真诚地赞美竞争对手，因此他才能博得竞争对手的尊重，才能得到竞争对手的赞美。不得不说，很多人都在抱怨自己人际关系恶劣，然而，人际关系实际上是我们心境的反映。所以，我们必须调整好心态，端正态度，才能善待他人，并得到他人的善待。

现代社会，很多人喜欢淘宝购物，也都知道，淘宝交易成功后，会有评价，而且这个评价系统是支持买家和卖家互评的。为此，很多淘宝买家会把自己对于交易的感触以及对商品的评价都如实写上。如果他们的评价是好的，卖家相应地也会给买家打分，帮助提高买家的信誉度。但是如果评价不好，或者买家故意指责和刁难卖家，那么卖家一定也会给买家差评，为自己辩解。由此可见，要想进入和谐社会，我们就要在产品合格的情况下主动给卖家好评，这样我们才会得到卖家的好评。现实生活中，我们做人做事也是如此。我们只有主动给予对方好评，才能如愿以偿，得到对方回馈给我们的好评。

话题可以从细微处开始展开

在与人交流的过程中，我们很多人都容易犯一个错误，即说起话来泛泛而谈，看上去滔滔不绝，口若悬河，实际上却没有说出多少有切实意义的话，最终导致他人觉得索然无味，甚至不想继续再听下去。这到底是为什么呢?

很多人讲究高度，恨不得张口闭口谈论国家大事，或者是国际上的轰动事件。实际上，我们都是普普通通的人，过着最平凡的日子，所以，我们与其谈论那些高大上的问题，还不如把心态放得平和一些，让我们谈话的话题更多一些烟火气息。换言之，就是我们的话题必须从细节处展开。这样虽然看似琐碎，却能够让他人感受到我们的真诚踏实，也不会令他人误以为我们满口假大空的话。

从细微处展开与他人的交谈，我们要注意以下几点。首先，我们可以观察当时的情况，顺势而为，从嘴边或者手边的话题说起。我们可以利用已知信息，由此延伸开来，扩大交谈的范围和半径。例如，若我们知道对方的家乡，那么也可以找机会与对方攀老乡，或者是半个老乡，甚至还可以说自己曾经出差去过对方的家乡。这样，在无形中，我们就能与他人从心理上变得更加亲近。其次，对于初次见面的人，因为缺乏了解，在与对方沟通时，我们要察言观色，从而更加深入了解对方，找到我们与对方的关联点。再次，我们在交谈中如果幸运地知道对方对什么事情感兴趣，或者喜欢哪个名人，也可以以此生发开去，和对方进行志同道合的交流。最后，我们还可以巧妙地找到共同语言，孔子所谓“道不同，不相为谋”，说的就是这个道理。此外，还可以采取请教对方的方式，这样一来，即便对方无法给出你准确回答，也一定会非常热心地给你提出建议。总而言之，引出话题的方式很多，生活和工作中很多微小的细节，都可以成为我们与他人交谈的最佳理由，重点在于我们要多多用心，处处留心。

这段时间，因为原本帮忙看孩子的婆婆回老家了，所以丽娜变成了全职妈妈。她辞掉工作，专心致志在家陪伴学前的儿子豆豆。不过，每天儿子在小区广场上和其他孩子高兴地玩耍时，丽娜都只能百无聊赖地站在一边看着孩子，觉得时间很难熬。

这个周末，小区里孩子很多，刚到广场，豆豆就去和小伙伴们玩耍了。丽娜照常站在一边，突然，她发现儿子一个小伙伴的妈妈就站在她身边不远处，她想：我为何不与对方攀谈呢？丽娜走到那个妈妈身边站着，笑着问对方：“你儿子身上的衣服很帅气，是从哪里买的呀？”毫无疑问，听到其他妈妈夸赞自己的儿子衣服帅气，当妈妈的当然很高兴，那位妈妈马上开始热心传授淘宝的经验，还告诉丽娜淘宝的价格比商场便宜多了。就这样，她们从孩子的衣服鞋子，聊到孩子的吃喝拉撒，再到对于孩子以后上学的计划，简直聊得不亦乐乎。转眼之间，两个多小时过去了。孩子们玩累了，两个妈妈却还在兴致勃勃地聊着，直到分道扬镳各自回家，她们俩还意犹未尽呢！

原本各自无聊地看护孩子的妈妈，因为一个细微的赞美，顷刻间就成了非常熟悉的朋友。因为孩子，她们的共同话题多得数不胜数，孩子的点点滴滴都是她们谈论的话题。她们一边聊天，一边看着孩子，孩子们之间也成为很好的朋友，可谓一举数得。

现实生活中，我们几乎每天都要与不同的人交流，这其中不乏初次见面的陌生人。为了让交流更加顺利地进行，我们一定不能当马大哈，而要成为一个认真细致的人，这样才能发现对方很多值得注意的细节，才能找到细微之处作为话题与他人攀谈。那些琐碎的话题虽然带着浓烈的烟火气息，但是足以表现出我们对他人的用心和关注，这也是他人所喜欢的。总而言之，朋友们，只要你想与他人交谈，你总是能细心地找到各种各样的关系。

圆满表达，肢体语言必不可少

很多人都觉得，这个世界上没有语言说不清楚的事情。其实不然。虽然纯粹的语言的确可以表达各种复杂的感情，也能说清楚很多微妙的事情，但是我们忽略了，生活并非简单的加减法，生活中总会有各种各样的尴尬情况发生，当无法用语言直接表达的时候，我们就要借助于非语言表达，让我们的表达更圆满。诸如肢体语言，就是人们经常使用的非语言表达之一。很多时候，我们对于自己不好意思说的话，或者觉得很难堪的情况，都可以用肢体语言很好地表达出来。例如，我们对一个人表示厌烦，却又不好意思对其下达逐客令，那么我们可以使用肢体语言表达我们内心隐晦的感情，如双臂环抱胸前，或者是不停地环顾左右，表现出心不在焉的样子。一旦对方意识到我们的焦急不安，就会主动告辞，我们也就省得下逐客令了。

生活中，有很多情况都可以以肢体语言作为表达。不管是关系亲密的人之间，还是初次见面的陌生人之间，恰到好处地运用肢体语言，都会达到很好的表达效果。如今，很多人在职场上都有机会接触商业谈判。假如能够在谈判中灵活使用肢体语言达到目的，则不但能够不伤和气，还能最大限度发挥肢体语言的作用，使谈判马到成功。

从心理学的角度而言，肢体语言往往是无意识做出来的，所以肢体语言能够更加真实地表达人们的心意和心理状态。从这个角度而言，假如我们想要洞察他人心理，则可以用心观察他人的肢体语言。反过来，假如我们想给他人施加心理压力，也可以巧妙使用肢体语言。例如，笑容是全世界通用的语言，也是肢体语言的一种。不同国家和种族的人，在表达愉快心情和善意的时候，都会展现笑容。就连呱呱坠地的婴儿，有的时候也会表现出无意识的浅浅笑容。不得不说，笑容也是最神奇的肢体语言，它已经超越国界，成为整个人类通用的语言。当然，人体是复杂的，人的情绪和心情更是瞬息万变，这直接决定了人们肢体语言的丰富性。我们除了要了解肢体语言外，还要多多实际操练，增加经验，这样才能随心所欲地利用肢体语言表达自我，实现沟通的目的。

作为公司的首席谈判代表，李楠这次遇到了很大的困难。他带领公司的谈判小组，已经与合作单位的谈判小组周旋了两天半。接下来他们就要进行最后半天的谈判，如果依然没有结果，那么谈判只能宣告结束，这次谈判也就无功而返。为此，李楠急得如同热锅上的蚂蚁。但是，既然是谈判，他就不能与对方撕破脸皮去争夺利益，所以他只能想一些委婉的办法给对方施加压力。

两点钟，下午的谈判准时开始了。李楠先是淡定从容地和之前一样按部就班地谈，然而一个小时之后，他走出会议室接了个电话。当再次回到会议室的时候，李楠并没有坐在原来靠会议室里面的位置上，而是选择坐在靠近会议室门口的位置，他的身体也没有坐正，而是倾斜着对着门口，他的脚尖也直接指向门口。看到李楠这样的姿势，对方的谈判负责人未免有些心慌。他们并非不想让这次谈判有个好的结果，只是想继续博弈一下，为公司争取更大的利益。然而，看到李楠这个样子，他突然有一种不好的预感，因为李楠看起来很像随时要结束谈判，而且迫不及待想要离开会议室。为此，他突然沉不住气了，原本是李楠求他让步，以便顺利签约，现在却是他害怕李楠突然离开，导致谈判无疾而终。结果，他作出了让步，李楠圆满完成谈判任务。

在谈判两天半都没有结果的情况下，李楠决定使用身体语言，向对方释放信号，施加压力。果不其然，对方谈判代表看到李楠表现出不耐烦的样子，而且随时准备终止谈判，马上不再与李楠博弈，而是速战速决，作出让步，圆满结束谈判。

现实生活和工作中，我们未必每次与他人交谈都是和平的、和谐的，也有可能是牵扯到利益关系、令双方都寸步不让的谈判。在这种情况下，如果不好意思直接与对方闹得很僵，也可以学习李楠，以肢体语言给对方施加压力。当然，肢体语言的作用是多方面的，我们还可以利用肢体语言与对方拉近关系。有的时候，眉飞色舞、手舞足蹈地表达，还可以调节好交谈的氛围，从而达到事半功倍的效果。总而言之，我们要多多留心，这样才能审时度势，让沟通达到最好的效果。

第 05 章

闲聊切忌说话放肆，管住嘴巴远离口角与是非

饭可以随便吃，现代社会，人们几乎天上飞的、地上跑的、水里游的，没有不吃的。但是话绝不能乱说。虽然吃饭和说话同样用嘴巴，但是说话显然比吃饭操心多了。吃到肚子里的东西，只要对身体无害，我们甚至可以随便吃，但是话一旦说出来就再也收不回来，所以我们无论如何也不能随心所欲地说。尤其是现代社会，信息传递如此之快，我们就算在闲聊天的时候，也要管住自己的舌头，远离是是非非，避免惹火烧身。

你真的会说话吗

走在大街上，假如我们随便拦住一个人问“你会说话吗”，对方一定会狠狠地瞪我们一眼，甚至抢白我们一顿。的确，除了先天性缺陷，或者因为后天原因失去语言表达能力之外，谁不会说话呢？可以说，除了特殊情况，我们都会说话；但是，我们真的会说话吗？把这个问题翻来覆去地问问自己，我们一定会变得犹豫不决，不敢再毫不迟疑地回答“我当然会说话”。

的确，我们每个人都能够利用声带震动发出声音，表达自己简单的意思，但是如果涉及是否“真的会说话”的问题，仔细想想，我们之中有多少人能拍着胸脯说自己把话说得非常好呢？走在大街上，虽然会说话的人满目皆是，随便一抓就能抓到一大把，但是未必每个人都能把话说好，把话说得恰到好处。现实生活中，很多人都有不同程度的交流恐惧症，主要是因为他们觉得自己无法把话说好，也不能灵活使用语言表情达意。实际上，这就是不会说话导致的。一个人仅仅会说话还不够，还要把话说好，如此才能成功与他人沟通，表情达意，得到他人的认可和肯定，促进人际关系的和谐发展。

其实，把话说好是有原则的。要知道，每个人都喜欢以自己为重心，谈论和自己相关的事情。所以与他人交谈时我们一定要避免谈论自己，而要更多地倾听他人的诉说。此外，我们还要避免谈论金钱，因为中国人历来羞于谈钱，尤其不想和无关的人谈论金钱问题。除此之外，也不要揭人伤疤。只要我们与交谈对象都认可交谈的话题，也谈得兴致盎然，就足够了。当然这是闲聊的情况，假如是有目的地与人沟通，我们就必须牢记自己肩负的使命，并且想方设法地利用语言的魅力达到我们预期的目的。

近来，林丹决定和自己很久没有见面的好朋友好好聊聊。她们约定在新开的购物天地见面，这样不但可以一起逛街，还可以一起喝茶聊天，度过悠闲的下午时光。

好朋友久未见面，好不容易见面了，彼此当然很亲热。她们有一搭没一搭地聊着，似乎都迫不及待地想把自己的近况告诉对方，而根本不注意对方在说什么。“我前几天得到上司表扬了，他让我好好干，准备年底提拔我呢。”“你都不知道，我男朋友最近刚刚买了一套房子，他经济上紧张，最近都不请我吃饭了呢。不过我也满足啦，因为他还在房产证上加了我的名字。”“我告诉你，最好的火锅就是海底捞，最好的服务也在海底捞，我们整个办公室，前几天还去海底捞聚餐了呢，我最爱吃肥羊。”就这样，她们全都自说自话，虽然是好朋友，但是她们看上去似乎并不关心对方最近过得如何。

实际上，林丹和好朋友并没有在聊天，她们只不过是聚在一起自说自话。要知道，每个人在倾诉的时候都需要有人倾听，但是若对方不愿意倾听他讲话，他自然会觉得索然无味，与对方的友谊也就渐渐淡漠了。

看看我们的身边吧，有多少朋友只顾着活在自己的世界里，根本不知道如何倾听他人？他们都想做自己世界的主角，最终却失去了别人的尊重和认同。虽然我们不甘心沦为人生的配角，但是我们至少要知道，我们唯有不与他人抢戏，才能赢得自己的机会。由此可见，一个人是否真的会说话，并不在于这个人能否把话说得流畅清脆，而在于他懂不懂得谦虚礼让，懂不懂得尊重他人。人生不是独角戏，我们唯有搭好戏台与他人一起唱戏，才能有应和，不寂寞。

不要轻易就把抱歉的话说出口

现实生活中，很多朋友都把“对不起”当成挡箭牌，或者是口头禅，他们不管遇到什么事情，总是条件反射般地说“对不起”，根本不等事情弄得一清二楚。他们甚至不管自己的清白，只要有人质疑他们，或者非难他们，他们就立即道歉，似乎唯有道歉才能抢占先机，才能彻底解决问题，更是礼貌的表现。殊不知，真正的礼貌不是和稀泥，更不是为了礼貌而丢弃原则。如果我们一味考虑礼貌，而忘记还给自己一个清白、避免自己蒙受不白之冤，那么道歉和承认错误又有何区别呢？所以，千万不要轻易道歉，过于直截了当的道歉，恰恰说明我们内心的虚弱。

现实生活中，如果遇到无关紧要的事情，诸如走路不小心踩到他人的脚，或者是不小心把脏东西弄到他人身上，都是应该及时道歉的。但是一旦牵涉到原则性问题，由小事关系到大事，那么“对不起”就不能轻易乱说。毕竟，“对不起”绝不简单，更不是没有分量的三个字。我们在为人处世中唯有摆正自己的位置，端正自己的态度，才能明哲保身。

有一个地区最近正在进行竞选。选民们分成两个派别，支持己方的竞选者。为了帮助己方的竞选者得到更多的选票，从而在竞选中胜出，两个派别的助选者简直不遗余力。

有一天，甲方开始竞选演说，乙方的一个前几天还坚定不移的选民，也站在甲方的队伍中倾听演讲。乙方的助选者看到之后，怒气冲冲冲过去质问那个选民："你还记得自己曾经说过的话吗？"这时，那个选民不以为然地看着乙方的助选者，轻描淡写地说："你觉得我是不负责任、出尔反尔的人吗？如果你不相信我，那么就当咱们不认识，我当然也不会再拥护你们。"这句话非常巧妙，乙方助选者马上不知所措，有些尴尬地笑了笑说："我只是问问而已，您别生气啊！"

这个选民说话很巧妙，他首先并没有承认自己背叛了乙方，也没有因此而道歉。假如他一开始就道歉，则恰恰意味着此地无银三百两，证明他的确是叛变了乙方。此外，他还把棘手的难题丢给乙方，质问乙方是否不信任他，这样一来，乙方自然无话可说。总而言之，这个选民没有道歉，因为他觉得自己问心无愧，也没有做错任何事情。有的人在这种情况下，也许会马上反驳或者恶意挑衅，那样都只会导致事情更加糟糕。案例中这位选民这样模棱两可的做法，恰恰可以很好地避免正面冲突，又让对方抓不住任何把柄。

在西方国家，大多数人都很有礼貌，在有小小摩擦的时候，出于礼貌，会及时说出"对不起"。但是一旦事情牵涉到原则性问题，他们反而不会轻易道歉，更不会随随便便说出"对不起"三个字。因为一旦真的道歉，就意味着失去主动权，变得被动。随着时代的发展，在东方国家，也有越来越多的人更加注重责任的划分和界定。哪怕是遭遇意外和变故，在没有定论之前，也绝不轻易说出"对不起"三个字。

不要随意指责别人的错误

现实生活中，有很多人都不愿意承认自己的错误，其实他们并非不知道自己错在哪里，而只是不愿意面对真相而已。在这种情况下，我们一定要注意，不要直截了当地指责他人的错误。若我们随心所欲说出一个人的错误，也就意味着我们将会给这个人留下恶劣的印象，而且会导致这个人与我们对立起来，关系破裂。一个真正聪明的人，绝不随意指责他人的错误。

在这个世界上，每个人都是独一无二的个体，每个人都有自己特立独行的未来。我们如果过于苛责他人，总是鸡蛋里挑骨头，那么总是能够找到让我们不满意的地方。其实，人有的时候是需要明哲保身的，毕竟他人的很多事情和我们并没有太大的关系，我们也不能因为爱管闲事就随随便便对他人的生活指手画脚。不得不遗憾地说，大多数人的逻辑思考能力都很弱，他们固执己见，独断专行，因而总是喜欢猜忌，对他人也特别傲慢。在这种情况下，要想让他们承认自己的错误，简直难于登天。一个人不管做人还是做事出现错误，绝非无缘无故的。大多数人在意识到自己的错误时，都会刻意寻找客观原因，而不是主动承担责任，承认错误。这就是人的本能。在与人交往的过程中，我们必须认清楚这个本质，才能更好地与他人交往，避免因为为人处世的不恰当而得罪他人，弄得自己人际关系紧张。

工作几年之后，王凯有了一些积蓄，因而动起了买房的心思。他一个人在大城市打拼，也没有可以商量的人，在与中介公司看了几套房子之后，他觉得其中一套房子还不错，就当机立断，把房子买了下来。后来，他的父母来看他，来到了他的小家，妈妈当即开始抱怨：“小凯啊，你看看你买的这个房子，这是什么房子啊？楼层这么高，七层啊，还没有电梯。这要是你以后结婚成家有孩子了，我怎么来看孙子呢？上来一趟就要了我的命了！而且，这个房子只有一个卧室，还在阴面，根本就不好。”

听到妈妈的抱怨，王凯不由得皱起眉头，说："妈妈，我当然也想买好的房子，我也想买金三银四。但是，好楼层的房子，同样面积的情况下，至少要贵十几万。我又没有那么多钱。再说户型，好的户型都是面积大的，我也想买两居，但是我买得起吗？最重要的是，你和爸爸才拿那么点儿退休金，自顾不暇，你不会知道大城市很多人买房子都是举全家之力，有的甚至还要举好几代人的力气呢！"就这样，在妈妈不停的抱怨和王凯的辩解中，他们的久别重逢并不那么愉快。

案例中，王凯自力更生买了房子，原本自我感觉良好，却被妈妈说得一无是处，因而他也很郁闷，难免要为自己辩解。就算他意识到自己买的房子户型不够好，他也不愿意当着妈妈的面承认错误，所以总是与妈妈对着干。如果妈妈足够聪明，就该多多鼓励和表扬儿子，这样才能让王凯更容易听进去她的话。

现实生活中，很多人都会毫不留情地指出他人的错误，以显示自己的高明。殊不知，这样只会使我们与他人之间的关系变得僵硬和尴尬，也会使他人更加排斥和抗拒我们的劝说，或者是意见、建议。真正的聪明人绝不会随便就对他人说"你错了"，相反，他们会先肯定他人的付出和努力，然后再以人们容易接受的表达方式委婉含蓄地向他人传达意思。这样一来，也许他人更容易接受劝说者的劝谏，也能够与劝说者保持友好的关系。

面对诉苦的女人，你只要当好听众

现实生活中，有很多女人都很脆弱，她们心思细腻，非常敏感，总是因为一点点小事情就悲天悯人，不知道如何面对。为此，大多数女人都很喜欢抱怨，因而她们总是唠唠叨叨，即便是微不足道的事情，也会引发她们无休无止的诉说。尤其是恋爱中的女人，或者是小鸟依人的女人，更是把这种能力发挥到极致，以博得他人的理解和同情。那么，面对一个诉苦的女人，我们到底应该如何做呢？看到哭得梨花带雨的女人，也许有些人会立即同情心爆棚，恨不得当即就为她排忧解难，或者出一口恶气。殊不知，对于诉苦的女人，你也许可以送上纸巾，但是不要随便给她出主意。她越是哭得梨花带雨、可怜兮兮，或者表现出崩溃的迹象，你越要管好自己的嘴巴，约束好自己的舌头。

记得曾有人说，女人和男人来自不同的星球。的确，女人和男人有很大的不同。通常情况下，男人只有需要找人商量，寻求解决的办法时，才会诉说。但是女人则不同，女人诉说的目的不在于解决问题，而只是想以倾诉的方式发泄自己内心的郁郁寡欢。只有分清楚女人和男人的区别，尤其是男性朋友，才能避免以己度人，引起女性朋友的不高兴。尤其是对热恋中的女性而言，难免更多娇嗔，因而偶尔抱怨，男性朋友一定要习以为常，只要竖起耳朵倾听就好，不要随便为喋喋不休的女人或者是娇滴滴的女人出主意，男性朋友只需要先配合，而无须急于帮助她们改变。

有很多女性朋友都有关系非常好的闺密，堪称骨灰级闺密。对于这么好的关系而言，也许在对方难受的时候还可以支支招，哪怕闯了祸，对方也不会太在意。但是对于关系一般的闺密而言，即便是同性，也不能随便给对方支招，否则一旦引起恶劣后果，肯定会招麻烦的。其实，很多时候，女性朋友只要宣泄出负面情绪，把心里的苦水倒出来，就会舒服很多。在这种情况下，根本无须他人热心地出主意。所以，作为听众，我们一定要把持好底线，千万不要因为一时激动就口无遮拦。

最近这段时间，兰兰心里很苦恼。原来，她突然间发现老公有外遇，虽然老公东窗事发之后已经跪在她面前指天指地地赌咒发誓和道歉了，但是她还是觉得心中无法迈过去这道坎。一个偶然的机会，兰兰遇到好朋友莉莉，因而把这件事告诉了莉莉。莉莉马上对兰兰说："这种事情还有什么可犹豫的，离婚啊，让他净身出户，孩子和房子都归你。这种垃圾男人，一定不能容忍！"听到莉莉的话，兰兰心里更乱了。原本她一直因为孩子犹豫不决，看到莉莉态度如此坚决，她更加动摇了。莉莉又说："出轨这种事情，是狗改不了吃屎。你别看他现在东窗事发对你磕头作揖、赌咒发誓的，一旦有机会，他还会再犯老毛病。我要是你，肯定毫不犹豫地离婚。就凭咱们这样的现代女性，难道还要被传统的思想束缚住吗？"

和莉莉分手后，兰兰一直在心里琢磨着这件事情。最终，她决定离婚。因为她是无过错方，所以她很快与老公协议离婚，老公净身出户。真的离婚之后，兰兰最初觉得浑身轻松，后来却发现一个人带着孩子生活的确是太难了。诸如每当孩子生病，她不得不抱着已经三四十斤重的孩子在医院里来回奔波，有的时候孩子输液，她甚至连厕所都没法去。渐渐地，兰兰想起老公曾经的好处，不由得懊悔起来，如果不离婚，她现在也许还拥有幸福的三口之家吧！

人们常说，宁拆十座庙，不毁一桩婚。这句话的意思是说，对于婚姻陷入困境的人，我们作为旁观者要劝和不劝离。的确，组建家庭并非一件简单的事情，而人非圣贤，孰能无过呢？除非对方侵犯我们的原则，我们真的无法原谅对方，否则不要轻易选择离婚。在这种情况下，如果我们不是当事人，却作为旁观者劝说当事人离婚，那么一定会出力不讨好。其实，聪明的人在遇到这种情况时，既不会让对方离婚，也不会让对方复合，而是会保持缄默，倾听女性的诉说，然后给予女性安慰，帮助她们平息情绪，恢复心境。要知道，婚姻大事事关终生，必须由当事人理智思考后慎重作出决定。

大多数时候，女人选择诉苦对象并不考虑对方的智力高低，也不看对方是否经验丰富。她们总是自我感觉良好，觉得自己才是这个世界上最优秀、最具聪明和智慧的人。所以，她们只是需要有人与她们站在一边，理解她们的苦衷而已，而不需要有人充当她们的老师，对她们指指点点。所以，朋友们，当有女性向你们诉苦时，你们只需要准备好纸巾，再管好自己的嘴巴就行。

不要调侃他人的隐私

在人际交流中，有些人说话总是经过仔细思考，尽量确保万无一失。有些人说话则丝毫不过脑子，生冷不忌，开玩笑都没有限度，还常常把别人的隐私挂在嘴上。不得不说，这样的人是很招人讨厌的。要知道，玩笑虽然能够逗得别人发笑，但是适当开玩笑可取，过度开玩笑的话，非但不能调节交谈的氛围，反而会使现场变得紧张尴尬，甚至会得罪朋友、同事，导致事与愿违。那么，哪些事情是不能用来开玩笑的呢？虽然，根据交流对方的不同，交谈的禁忌也是不同的，但是有一点是相同的，即任何人都不喜欢别人用他们的隐私来开玩笑。

人际交往中，风趣幽默的交谈对象的确能够与他人笑谈风声，也能得到他人的认可和喜爱，所以我们把幽默看作人很重要的交流能力之一。不得不说，那些会开玩笑的人，就算是面对尴尬的气氛，也能从容自如地把玩笑开得恰到好处，使得现场的难堪瞬间被消除，甚至使原本紧张的人际关系变得轻松自如起来。但是，凡事皆有度，开玩笑或者调侃别人，尤其要把握好分寸。对于他人的隐私，我们更是不能触碰，尤其不要调侃他人的隐私，更不要拿他人的隐私开玩笑，否则就会事与愿违。

毋庸置疑，每个人都有属于自己的小秘密，也有不想为人知道的隐秘事情。而且，每个人都不愿意让自己的隐私公布于众，更不想别人拿自己的隐私作为消遣。所以，人际交往中，如果有人偏偏喜欢调侃他人的隐私，拿他人的隐私开玩笑，那么他一定是个不受欢迎的人，也很难如愿以偿地得到他人的尊重和认可。可想而知，长此以往，这个人的人际关系一定非常糟糕，甚至会给他带来很多麻烦。

今天是小马和小娜结婚的大喜日子，朋友们早早地赶到他们举办婚宴的酒店，能帮忙的帮忙，不能帮忙的也在一起说说笑笑，现场气氛非常好。婚宴定在中午十一点半开始。然而，直到十二点，小马的好朋友刘强才急急忙忙地赶来。

当着所有亲戚朋友的面，刘强送上了他的结婚礼物。原来，是一支金笔。小马有些纳闷，说："你这个家伙，居然送一支钢笔给我，是想显示你很有文化吗？"不想，刘强脸上突然表现出坏坏的笑，他狡黠地说："得了吧，马小弟，你还和我装糊涂。你有件事情可跑在了我们这些当哥哥的人前面，别装得就像没有人知道你们的孩子再有五个月就要来报到似的。"听了刘强的话，小马非常尴尬，虽然现在未婚生子已经不是什么新鲜事，但是，在结婚的大喜日子里，当着所有亲朋好友的面，小马居然拿这件事情调侃他，他还是觉得很难堪。再看看此时的小娜，脸上已经变了颜色，怒气简直要爆发出来了。幸好伴娘和伴郎还比较机灵，赶紧张罗着让新郎新娘敬酒，打了圆场。在场的那些兄弟们也没想到刘强居然会当众如此调侃小马和小娜，也都大惊失色，好在没有爆发争吵，他们总算松了一口气。后来，小娜坚决反对小马继续和刘强来往，就连孩子满月，小娜都不允许小马邀请刘强。小马呢，也害怕刘强这张没有把门的嘴巴再说出什么让人难看的话来，所以，渐渐地，刘强和小马的关系越来越疏远了。

刘强的玩笑话如果在私底下说出来，也许小马和小娜并不会生气。但是，当天是他们结婚的日子，是非常隆重的场合，刘强当众让他们难堪，也难怪小娜会被气得七窍生烟，并且再也不想和刘强往来。毫无疑问，在公开场合调侃他人的隐私是极其不礼貌的行为，在关系没有亲密到一定程度的时候，就算私底下也不应该调侃他人的隐私。所以，朋友们，在与人交往的时候，我们必须把握好分寸，尤其是说话，千万不能越界。

曾经有心理学家证实，没有任何人愿意把自身的隐私曝光。因此，当隐私被曝光之后，人们一定会恼羞成怒。当然，现实情况是很复杂的，有的时候人们之间交流必须涉及隐私，那么这种情况下也可以采取“点到即止”的方式，隐晦地和对方提起他们的隐私，这样既达到了交流的目的，也保全了对方的颜面，可谓一举两得。真正聪明的人，哪怕无意间听到他人的隐私，也会装作没听到，从而让自己和他人都更加自然从容，不至于因为隐私暴露而尴尬难堪。

打人不打脸，骂人不揭短

民间有句俗话，叫作打人不打脸，骂人不揭短。现实生活中，每个人都有不愿意被他人提及的伤心往事，也有不想被别人知道的隐秘事情，在这种情况下，假如我们是知情人，那么在与他人交谈的过程中一定要注意保护他人的尊严，不要戳到他人的痛处。这与对待敌人不同，在与敌人较量的过程中，我们最想做的就是抓住敌人的软肋，狠戳敌人的痛处，从而使他们恼羞成怒，歇斯底里。但是，普通的人际交往并不存在你死我活的争斗，交往的目的并非战胜对方，而是促进和加深与对方的感情。这样一来，我们作为有修养的人，哪怕不小心被他人触怒，不到万不得已，也不应该让彼此间的裂痕越来越大、越来越深。我们要有涵养，要能够控制自身的惊慌情绪，从而不至于被轻易激怒。

一个人就算修养再好，如果被当众揭开伤疤，戳到痛处，哪怕强忍着不当即与说话的人反目成仇，心中也会郁郁寡欢，再也不想与对方有更进一步的交往。如果负面情绪在心中不断积压和累积，还有可能使得他心中愤愤不平，无法恢复平静，最终导致人际关系恶化，形成严重的后果。最可怕的是，一个人总是喜欢戳别人的痛处，却不自知，最终导致自己成为孤家寡人，受到很多人的唾弃和厌恶，成为社交场合的边缘人。不得不说，在人际关系越来越重要的当今社会，这是非常严重的。

尤其是在现代职场，人与人之间的分工合作越来越密切。假如我们与他人之间疏远，甚至因为戳到他人的痛处导致得罪他人，那么我们不但人际关系恶化，工作也会变得很难展开。自古以来，中国就有龙生逆鳞的传说。这个传说告诉我们，龙的咽喉下方大概一尺处，有几片逆鳞，这些鳞片是逆向生长的，一旦触碰就会特别疼痛。不得不说，人的痛处也是人的逆鳞，是不能触碰的伤。在曾经热播的《欢乐颂2》中，安迪的逆鳞就是她的身世。包太太去黛山查她的身世，她马上歇斯底里、不顾一切地反驳。也许有些朋友觉得安迪如此反应是因为身世特殊，其实，哪怕是普通人也是有逆鳞的。所以，在与人交往的过程中，我们要学会观察他人的痛处，避免触碰他人的痛处，这样既是尊重他人的表现，也是维持良好人际关系的基础。

当然，如果这个世界上真的有龙，那么龙身上的逆鳞是有形的，看得见、摸得着。而相比龙，人身上的逆鳞则是无形的，必须用心观察才能发现。所以，在和他人交往的过程中，我们必须多多用心，才能准确避开他人的痛处，不至于因为无心或者粗心，导致事情朝着更加糟糕的方向发展。

大多数人的隐私都不希望被他人知道，更不喜欢被公诸于世，毫无疑问，隐私就是人的逆鳞。但是，逆鳞指的不光是隐私。现实生活中，万事万物都处于不停的发展变化之中，很多人因为一时的失意感到无法面对，这种情况下失败和失意就是他的逆鳞。例如，年轻的情侣突然分手，那么失恋就是他们的逆鳞。民间有句俗话，叫作胖人面前不说肥，矮子面前不说矬，这都是避开逆鳞的表现。遗憾的是，很多不会说话的人，在与人交流时总是哪壶不开提哪壶，招人讨厌，也导致自己人际关系恶劣。要想避免这种情况的发生，我们就要尽量设身处地为他人着想，避免触碰到他人的痛处。正如古人所说的，己所不欲，勿施于人。我们有的时候的确不了解他人，尤其是在和他人初次见面的情况下，那么不如推己及人，从而更好地与他人交流和相处。

生活中，还有些人虽然对他人的痛处心知肚明，也不会直截了当地说出他人的痛处，但是会以此要挟他人，这种行为也会给他人留下恶劣的印象。毫无疑问，这样的行为并非君子所为，也不是绅士的风格。我们与他人不管是竞争也好，还是搏斗也好，都应该像真正的武士那样光明正大，而不要使那些下三滥的手段。否则，当他人的把柄不再是把柄，我们又该如何自处呢？人，一撇一捺，傲然挺立于天地之间。我们也要怀着坦荡的态度，行走人生，让自己成为真正大写的“人”字！

第 06 章

安慰他人谨言慎语，措辞得体说进心里

现实生活中，每个人难免会遭遇不幸和坎坷挫折，每当这时，每个人都想得到他人的安慰，从而让自己受伤或者沮丧绝望的心感受到一丝丝安慰，让自己快乐起来。正是因为这样相互依偎、扶持，人才能更好地生存，也不觉得寂寞孤独。但是，安慰也是要讲究艺术的，每个人并不是天生就会安慰他人，一旦安慰不恰当，还会导致事与愿违。所以，每个人必须在后天多多练习，体察人心和人情，才能恰到好处地安慰他人，帮助他人摆脱痛苦，找回快乐。

安慰他人，一定要把话说到他人心里去

对于他人的帮助，有人将其形容为锦上添花，有人将其形容为雪中送炭。不得不说，相比锦上添花，雪中送炭自然更加难得，而且能够使人感受到更加深刻的温暖，加深人际关系，使人们之间的情谊更加深厚。雪中送炭是一种美德，除了包括给人物质上的慷慨帮助之外，也包括安慰他人。

当他人遭遇不幸的时候，恰到好处的安慰就像是阴霾天气中透进来的丝丝缕缕的阳光，能够给不幸的人以幸福快乐和力量。当然，安慰的能力并非每个人都与生俱来的，毕竟有很多人连话都说不好，又如何能够安慰他人呢？在这种情况下，我们后天要多多练习，用心与他人相处和交流，从而找到安慰的技巧。

为了避免安慰起到完全相反的作用，我们需要注意以下几项：首先，安慰是同情，而不是怜悯，要把安慰和怜悯区分开来，千万不要使人觉得被施舍，感到无地自容。要想让我们的安慰达到预期的效果，我们就要放下架子，不要居高临下对待他人。要知道，人在遇到危难的时候是最脆弱的，特别需要他人的帮助和扶持，但是绝不要他人的怜悯和施舍。从某种意义上而言，怜悯和施舍是对他人更大的伤害。其次，还要注意，在安慰他人的时候，面对已经非常糟糕的后果，我们要接受，而不要抱怨和指

责。哪怕这样的结果都是当事人自己导致的，我们也应该宽容地对待他们，劝说他们接受事实，而不要肆意指责他们，使他们更加悲观绝望。再次，安慰者绝不要高高在上，而要以平等的姿态真诚地与被安慰者交流。一切交流都要以平等和相互尊重为基础，假如我们妄自尊大地教训他人，那么他人必然对我们心生抵触，这样我们的安慰也就无法达到预期的效果了。最后，安慰他人还要把握合适的时机。在对方最伤心的时候，我们要做的不是劝说对方不要哭泣，而是借给对方自己的肩膀，让他们靠在我们的肩膀上尽情哭泣。人是需要发泄的，如果负面情绪郁积于心，无法发泄出来，必然导致严重的后果。等到对方情绪稍微恢复平静之后，我们再好好安慰对方，这才是明智之举，才能起到积极的作用。总而言之，安慰他人要把握分寸、掌握时机，千万不要好心办坏事。

周一刚刚上班，小林就听说他的顶头上司张总生病住院了。听到这样的消息，作为张总最得意的下属，小林当然要去医院看望。因为还不了解张总的情况，小林没有买什么礼物，先去了医院一趟。见到张总的爱人后，小林才知道张总是因为突发脑溢血陷入昏迷，至今没有苏醒。看到张总年纪轻轻就身患重病，小林不知道该说些什么，在医院张总的病房外守候了一天才离开。张总的爱人非常感谢小林。

次日，小林拎着一张崭新的行军床，又去了医院。他对张总的爱人说："嫂子，张总吉人自有天相，现在医学也这么发达，你也不要太担心了。你晚上不要整宿坐着，照顾病人是很熬人的，我给你拿来一张行军床，你晚上铺开，好好休息吧。"张总的爱人感动得落下泪来，说："小林，早就听老张说你心眼好，能力强，嫂子太感谢你了。你说得对，我也得坚强，要照顾好自己，才能照顾好老张。"

后来，小林隔三岔五就去医院看看，有能搭得上手的，他就帮忙干活。后来张总醒了，小林又及时送去轮椅，还经常推着张总下楼晒太阳。和看到张总就躲得远远的下属相比，小林的表现简直太完美了，也很好地安慰了张总和张总爱人的心。一年后，张总康复了回到公司上班，第一时间就把小林提拔为自己的副总。

小林是个很贴心的下属，张总生病入院后，他真正做到了想人之所想，急人之所急，虽然他并没有花费太多的钱在张总身上，但是他对于张总的真心实意和安慰，是花多少钱都买不来的。所以，张总内心深处非常感激小林，一有机会就把小林提拔为公司副总。

安慰他人，不一定要说很多话，只要能把话说到点子上，就会起到很好的作用。此外，为他人做事情，也未必要做惊天动地的大事情。做好细微的小事，令他人发自内心地感动和满足，就达到了目的。人生在世，难免会遇到难处，我们今天安慰别人，给别人以支撑，实际上也是在为自己储备人情，对于我们自己的人生也是有很大好处的。

找准安慰的切入点，才能打动他人的心

凡事都有切入点，安慰也是如此。如果找不到切入点，我们说再多的话，做再多的事情，都是徒劳无功的，还有可能事倍功半。所以，我们必须找准切入点，才能让安慰事半功倍，才能让他人真正被感动，怦然心动。

对于每个人而言，心中都有最柔软的地方，这里就是安慰的切入点。当人们遭遇意外和灾难，当人们感到内心惴惴不安，总会想方设法地为自己寻求安慰，求得解脱。作为安慰者，我们也要帮助他人实现这一点，才

算安慰成功。但是，就像盲人摸象一样，每个盲人摸到的大象都是完全不同的，因为盲人没有全局的视角，也没有真正看到大象的全貌。所以，我们要想安慰他人，必须对他人有一定的了解，才能把安慰的话说到点子上。否则，我们喋喋不休说那么多，最终却一句都没有打动他人，那么我们的安慰就是瞎子点灯白费蜡，毫无作用。之所以出现这样的情况，就是因为安慰的人不知道如何安慰他人，也不知道如何打动他人的心。

安慰并非一件容易的事情。我们要想安慰他人，首先，必须了解他人，因而倾听必不可少。在倾听的过程中，我们才能了解他人的所思所想。很多安慰者一旦开始安慰他人，就会滔滔不绝，口若悬河，殊不知，不对症的安慰只是空洞的安慰。当然，倾听也不仅仅指的是单纯地用耳朵听，我们更要用眼睛观察，用心感受，才能走进对方的内心，更加了解对方。其次，在安慰对方的过程中，假如对对方的倾诉感到困惑，一定要当即停下来向对方询问清楚。当然，谁也不是人生的审判者，不管我们的身份地位如何，在安慰他人的时候，我们都不能充当审判者，而是要以平等的态度与对方进行真诚的交流和沟通。适当停下来思考，可以给予彼此更多的时间组织语言或者了解内涵，从而使沟通更加深入。再次，安慰不是否定，我们可以安慰对方，却不要以任何理由否定对方，更不要对对方颐指气使。没有人愿意被他人居高临下地对待，哪怕是被安慰者也不行。最后，我们还要与对方共情，站在对方的角度设身处地地为对方着想。我们要知道，安慰的目的不仅在于帮助对方消除痛苦，还要帮助对方分析现状，找到彻底解决问题的方法，从而振奋精神，继续在人生的道路上勇往无前。当然，为了与对方更好地交流，我们还可以将自己相似的体验或者感受对对方倾诉，这样我们与对方才能真正感同身受。相似的经历或者经验，会瞬间拉近我们与对方的心理距离，让我们与对方之间更加同呼吸共命运。

小艾的爸爸妈妈离婚了，最近这段时间，小艾总是以泪洗面，情绪也糟糕透顶。看到小艾的样子，妈妈看在眼里，疼在心里。妈妈很想帮帮小艾，却不知道从何处下手。一个偶然的机会，妈妈和闺密叶子说起这件事情，叶子感慨地说："大人离婚，苦了孩子。周末，我去你家看看小艾，也许我能帮到她。"妈妈很惊讶："你怎么帮她呢？她现在和我都不怎么说话。"小叶眼圈红了，说："你不知道，我十几岁的时候我爸妈也离婚了，所以我知道小艾心中的苦。她现在需要倾诉，需要发泄，但是她还没有找到出口。就让我当她的情绪垃圾桶吧，让她把心里的垃圾都倒出来，就好了。"

周末，叶子如约到来。虽然小艾刚开始时很排斥叶子，但是当听到叶子说"我像你这么大的时候，我爸妈也离婚了"，小艾突然开始流泪。叶子知道，小艾的心门打开了。整整一天，她都在和风细雨地和小艾交谈，安慰小艾受伤的心灵，小艾答应她要早日走出来，拥抱充满阳光的人生。

人生不如意十之八九。人生在世，难免遇到各种坎坷挫折，每当这时，有的人选择一个人默默承受，打落牙齿咽进肚子里，或者流出眼泪也咽进肚子里，而有的人虽然什么也不说，内心深处却很想倾诉。在安慰受伤的朋友时，我们与其喋喋不休地安慰，不如先倾听朋友的心声，真正了解朋友的内心，成为他们的情绪垃圾桶，帮助他们清除内心的各种负面情绪。这样一来，我们的安慰才能事半功倍。

当然，对于需要安慰的人而言，安慰者与他们有着相同或者相似的经历，一定会引起他们的感情共鸣，令他们更容易打开心扉。就像从小父母离异的叶子，她更容易理解小艾，小艾在听完叶子的身世后，也一定会感同身受，毫无疑问，叶子的安慰对小艾事半功倍。

安慰失意的人，一定要掌握技巧

人生不如意十之八九，人生失意也是常有的事情。现实生活中，很多人都会遭遇不如意，小到小升初没有考好，没有进入理想的初中，大到谈恋爱失恋了，被心爱的女孩抛弃。可以说，人生几乎处处都是失意。现代社会，生活环境非常乱，经常有人得奇奇怪怪的病。不得不说，突然发现自己身患疾病，也是莫大的失意，更是命运与我们开的大大玩笑，往往让人很难忍受。这么多失意的人，他们之中很有可能有我们身边的人，有我们的亲戚、朋友、同学或者同事，我们要如何安慰他们，才能帮助他们摆脱失意，重新燃起对生命的希望，扬起生命的风帆，继续努力向前呢?

安慰失意的人是有技巧的。人生的失意就像突然生长出逆鳞，在失意者没有消化失意之前，失意就是他们不能触碰的痛处。对此，我们首先要避开他们的失意，千万不要哪壶不开提哪壶，更不要在他们的伤口上撒盐。当然，这只是治疗失意的方法之一，即回避，等待伤口慢慢愈合。有些人失意的症状严重，甚至无法正常生活，那么对于这样糟糕的状态，一味地回避显然无法治愈他们心底的创伤，所以最好的办法就是面对疗法，即让失意的人直面创伤，虽然心里很痛苦，但是能够最快地解决问题，这就是短痛，其效果类似于当头棒喝。

当然，相同的话以不同的方式去表达，效果往往是不同的。安慰他人并不拘泥于任何一种方式，只要能够起到好的作用，就是好方法。对于某些性格不同的失意者，如果采取举反例说服的方法，或者是采取换位思考法，都是很不错的。总而言之，我们无须墨守成规，拘泥于某一种方法，毕竟我们面对的说服对象不同，我们面对的具体事情也不同，所以我们要审时度势，随机应变，以找到更好的方法安慰失意的人。

最近，微微失恋了。她特别喜欢那个男孩，但是因为性格迥异，他们相处困难，再加上那个男孩的妈妈希望男孩回到家乡找一个女孩作为女朋友，所以各种原因综合在一起，他们最终选择了和平分手。

看着伤心欲绝的微微，好朋友小雅非常着急。有一天，小雅的男朋友过生日，小雅便邀请微微一起去聚餐。怕微微多心买礼物，小雅在到达聚餐地之前，并没有告诉微微事情的真相。然而，等到了现场之后，小雅却意识到自己做了一件错事。原本，小雅是想让微微大吃大喝一顿，高兴高兴，没想到到场的朋友们都是成双成对的，唯有微微形只影单，非常落寞。小雅呢，又要陪着男朋友过生日，因而无形中忽略了微微。结果，生日宴会还没结束，微微就独自离开了。她回到家里伤心地哭泣着，小雅后来也因为自己的不够周全导致好心办坏事而向微微道歉。

微微原本就失恋了，小雅却带着她去了男朋友的生日聚会，让微微眼睁睁地看着其他情侣秀恩爱，这简直无异于在微微的伤口上撒盐，的确会让微微伤心欲绝甚至崩溃。其实，小雅可以独自请微微吃饭，哪怕陪着微微一醉方休，都能让微微发泄出内心的愤懑和郁闷，从而帮助微微舒缓心情。

生活是残酷的，命运不会总是让我们一帆风顺。很多时候，我们都会面临失意，也需要得到他人的安慰。所以，我们不如多多积累关于失意的经验和体会，在自己失意的时候安慰自己，在他人失意的时候安慰他人，如此一来，我们就会拥有更多的朋友，得到更多的幸福快乐。

安慰生病的人，要给予积极正能量

人吃五谷杂粮，没有不生病的。每个人在生病的时候，都是最脆弱的。我们自己生病的时候都想得到他人的安慰，那么在他人生病的时候，我们也要竭尽所能地安慰他人，这样才能互帮互助，相互扶持。但是，安慰本身就需要技巧，安慰生病的人，就更需要技巧，从而使安慰达到预期的效果。

安慰生病的人，需要注意以下几点。首先，生病的程度有轻有重，对于病情较轻的病人，聊些开心的话就好，说说病情也是没有关系的。但是对于病情严重的病人，诸如现在很多人身患癌症，安慰就要多费一番心思。此外还要注意，除非病人主动提起病情，否则最好不要详细询问病情，提起病人的伤心事。其次，病人要想尽早康复，最重要的就是保持心情愉悦和舒畅。我们看到病人的时候，不要带着非常怜悯的表情，而要努力控制自身的情绪，以笑容面对病人。有的时候是我们身边关系亲密的人身患重病，那么我们更要忍住眼泪，强颜欢笑，从而让病人也拥有好心情。最后，虽然很多人都厌恶谎言，不喜欢被人欺骗，但是我们很多时候不得不说一些善意的谎言。归根结底，善意的谎言虽然本质上是谎言，却能够帮助病人保持好心情，重振生活的勇气。这也是很多医生在得知病人身患重病后，总是把真实病情告诉家属，而不告诉患者本人的原因。

旭旭才二十一岁，是一名大三的学生。然而，在学校的一次体检中她被检查出患有白血病，这对于她而言简直是晴天霹雳。昨天，她还在大学校园里无忧无虑地生活和工作，今天，她就躺在医院的病床上接受残酷的治疗。随着化疗的推进，她的头发都掉光了，原本的一头青丝再也不见踪迹。

在旭旭病情稳定后，同宿舍的好姐妹们都想来看望她。得知旭旭的头发掉光了，姐妹们做出了一个疯狂的举动。她们全都剃了光头，要陪着旭旭。当看到三个光头的姐妹一起走入病房时，旭旭不由得潸然泪下。无须说任何话，她知道姐妹们的心意，她告诉姐妹们："放心吧，我一定好好治疗，争取早日回到咱们的'家'。"就这样，姐妹们带着旭旭爱吃的蛋糕，和旭旭一起度过了二十一岁生日。旭旭高兴极了，那一瞬间，她忘记了自己是白血病患者，还以为自己又回到了无忧无虑的纯真年代。

宿舍里的姐妹们，以实际行动给旭旭做出了榜样。她们很清楚，旭旭只有扬起生命的风帆，才能闯过这一关。旭旭当然从中受到极大的鼓舞，也体会到姐妹们的良苦用心。生命是无常的，在有限的生命中，每个人都会遇到各种各样的挑战和难关。要想让人生变得更加积极从容，我们必须学会坦然面对这些难关，也要学会帮助身边的人从容应对失意。

没有人是命运的宠儿，命运对于每个人都是积极的。在面对人生的时候，我们必须抱有积极的心态，始终心怀希望。不管是安慰自己，还是安慰病人，我们都要足够真诚，也要怀着坦诚。尤其是在使人感到无力的疾病面前，人们更要鼓起勇气，才能战胜疾病，早日康复，这其中安慰的力量不容小视。

掌握说话的分寸，才能恰到好处安慰人

凡事皆有度，过度如不及。所以，我们不管做什么事情都要把握好分寸，包括安慰他人的时候，我们也要合理适度。如果过度安慰他人，夸大其词，言过其实，那么我们的安慰非但无法取得预期的效果，还会事与愿违。

现代社会，人们的生活压力特别大，工作节奏也很快，导致心情郁闷。因而，相当一部分人情绪和状态都不是很好，生活中的不如意也很

多。生活的琐碎，使得人们时时处处都需要安慰，诸如生病需要安慰，失恋需要安慰，事业不顺利需要安慰，失去亲人也需要安慰。可以说，安慰已经成为人际关系中的重中之重，一个人如果不会安慰他人，就不能算是真正的人际交往高手。

在安慰别人的时候，我们必须注意组织好语言，掌握好分寸，这样才能恰到好处地安慰他人。不乏有些人在安慰他人时理屈词穷，说出一两句话就搜肠刮肚也没词了。有些人则恰恰相反，他们滔滔不绝，口若悬河，却没有掌握好说话的分寸，导致祸从口出，言多必失，反而起到相反的作用。那么，安慰人到底应该把握怎样的尺度呢?

在这个黑色的七月，老李的儿子高考落榜了，与心仪的大学失之交臂，而且连不太中意的大学都没有考上。为此，他们全家人都如同霜打的茄子一样，毕竟，在大好的青春年华，复读一年意味着浪费了宝贵的青春。所以，他们还没有商量好是随便上个不入流的大学，还是选择复读一年。当然，高考的形势一年一变，他们也担心如果复读一年后遇上变革，甚至会考得更加糟糕呢!

一天，老王遇到老李，关心地问起老李儿子高考的情况。老李郁郁寡欢地说：“别提了，没考好，还不知道要去哪里上学呢！”老王赶紧安慰老李：“老李啊，别担心，条条大路通罗马。你看看，咱们这一辈就没上大学，不也过得好好的吗，也没少吃一口饭。只要孩子努力肯上劲，一定能养活自己的。”听到老王的话，再想想自己的一生，老李更郁闷了：“我可不想让我儿子这一辈子和我一样，我太没出息了。而且，现在这个时代和我们以前也不一样了，以前都没文化，都一样。现在呢，满大街的大学生，难道高中生还占据优势了吗？”说完，老李生气地走了。

后来，老李又遇到老张。老张也很关心老李儿子的高考情况，毕竟他与老李是多年的朋友了。得知情况后，老张说："老李，别担心，还有机会。你看看孩子的情况能否参加复读，主要是要尊重孩子的意愿，不要勉强他。我理解你的心情，毕竟这么多年的心血呢，但是这件事是急也急不来的。要是孩子不想高考，我有个亲戚在一所高校工作。那是一所民办学校，虽然学费比公办贵，但是口碑不错。如果你愿意让孩子去那里，我就联系我的亲戚，看看能不能帮上忙。总而言之，不能让孩子没学上，必须让孩子读完大学。"听了老张的话，老李长吁一口气。老张启发了他的思路，他觉得自己没有之前那么迷惘了。

老王安慰老李的时候，完全是消极的。他以自己和老李的一生作为例子，安慰老李，反而让老李对于孩子前途未卜更加担心。和老王不同，老张的安慰显得非常积极。老张不但给老李指出了明路，还叮嘱老李要照顾到孩子的情绪，而且主动提出自己在高校里认识人，也许能帮上忙。这样一来，心情郁郁寡欢的老李虽然未必需要找老张帮忙，但是至少看到了希望和阳光，也就不觉得那么无路可走了。

安慰他人的时候，我们一定要把握好尺度，组织好语言，千万不要说别人的痛点，也不要揭别人的短处。尤其是对于别人忌讳的事情，更要绝口不提。对于自尊心强的人，我们还要注意保护他们的自尊心，不给对方增添更多的烦恼和忧愁。

贴心的话，会给爱情加温

这个世界上只有两种人，一种是男人，一种是女人。所以造物主赐予人们人世间最珍贵的礼物，那就是爱情。命运的安排真的很神奇，男人和女人不但在生理上有很大的不同，在感情上也有很大的区别，但是他们又是互补的，能够互为促进。和男人的大大咧咧不同，女人是非常感性的，也是很细腻的。对于生活的不如意，男人也许更能承受，而女人却很容易感受到挫折和磨难，并因此变得沮丧绝望。

现实生活中，女人总是有一些小脾气和娇气的。对于女人的反复无常，男人总是觉得丈二和尚摸不着头脑，更不知道自己应该如何安慰女人，支持女人。尤其是当女人生闷气的时候，男人更是搞不懂女人的心思，非常郁闷。实际上，正如一首歌里唱的，女孩的心思你别猜，你猜来猜去也猜不明白。我们要说，女人的心思你也别猜，因为你猜来猜去还是猜不明白。所以，男人可以什么都不会，但是一定要会一种本领，那就是安慰女人。很多时候，女人生气或者发脾气，并非真的想要男人为她做些什么，而只是想听到男人对自己说点贴心话而已。因此，聪明的男人从来不和女人较真，只会努力地说好贴心话，让女人的心里乐开花，这样男人和女人之间的关系也会更加和谐融洽，感情也必然越来越深厚。

阿雷和静静是闪婚加裸婚。他们一见钟情，认识几个月就迅速结婚，婚后倒也过得幸福甜蜜。但是因为缺乏经济基础，而且结婚的时候双方父母都没有给予他们太多的帮助，所以在日子经过十年的时间慢慢过好后，静静时常说起那段艰难的岁月，说起自己曾经多么义无反顾地嫁给阿雷。尤其是看到身边的年轻人结婚那么铺张浪费，而且惊天动地时，静静都总是带着酸味地说："看吧，看吧，你真是哪辈子修来的福气，娶了我。我没有和你家要一分钱彩礼，没刁难过你和你爸妈吧！"其实，静静这么说无非是想让阿雷夸夸她，认可她的价值，念着她的好处，而阿雷却较真地说："问题是，你当时想要彩礼也没有啊！而且，要是你要彩礼，也许我会觉得你是冲着钱才找我的，咱们早就分了呢！"这样一句不伦不类的回答，让静静非常生气，总是为此和阿雷一番争吵，心中觉得愤愤不平。她不明白，自己做得这么好，为什么就得不到阿雷一句肯定和认可呢？

自从结婚之后，因为生活艰难，静静从未在家里待过。有了孩子后，婆婆因为顾着带大儿子家的大孙子，不能给他们带孩子，所以她一边兼职工作，一边做所有的家务，另外还要带孩子。每当觉得累的时候，她都会向阿雷撒娇："看看吧，我这么辛苦地带孩子，还要兼职工作。要是我不兼职，你累死了也养不活这个家啦！"其实，静静只想让阿雷夸她能干，那么她就觉得一切辛苦都是值得的。但是阿雷偏偏说："很多女人都是全职上班带孩子的。"这句话，把静静气得几乎吐血，她又闹起来。

阿雷不懂女人的心，尤其不懂静静的心。他如果不是那么较真，而是能够认可静静，也知道按照静静预期的那样给予静静认可和赞美，那么静静一定会觉得自己的所有付出都是值得的，都是应该的，也就不会再继续抱怨、牢骚满腹了。男人们，一定要知道，很多女人的抱怨并非真的想改变什么，只是想得到一句认可，想得到男人对自己的夸赞。因此，当你的女人在你面前牢骚满腹时，你只需要安静地听着。等到她完全发泄完之后，把她搂在怀里，对她说："谢谢你，老婆。你辛苦了！"这么简单的一句话，就能让女人所有的辛苦付出都化作生命中的甘甜，何乐而不为呢？

总而言之，男人千万不要把自己的思路照搬到女人身上。尤其是在女人心情烦躁、郁郁寡欢的时候，更不要试图用男人特有的理性去说服女人。很多时候，你说一千句一万句充满理智的话，也不如对女人说一句"辛苦了"，再给她一个怀抱。

第 07 章

说服他人巧避冲突，运用心理定式让人心服口服

在这个世界上，每个人都是独一无二的个体。一个人要想与他人建立良好的关系，就要学会理解和体谅他人，也要学会为他人着想。偶尔遇到与他人观念或者态度相冲突的时候，我们如果做不到顺从他人，就会尝试着说服他人。这样一来，矛盾很难得以消除，冲突也有可能在彼此对立中升级。倘若我们能够掌握一定的说服技巧，就能避免冲突、说服他人，也能运用心理方面的影响力，使他人对我们心服口服。

利用权威效应，设身处地地说服他人

现代社会是市场经济，各个企业之间竞争激烈，很多企业都投入大量金钱做广告，只为了给自己的产品找一个好的销路。但是，对于企业而言，要想找到知名人士为他们代言，也是需要高昂的花费的。诸如，生产各种日化用品或者化妆品、珠宝等的企业，都想找到大名鼎鼎的明星为它们的产品代言。明知道花费高昂，它们也在所不辞。难道它们不能找一个普通人做广告吗？这就是权威效应。假设找一个大明星代言需要花费一千万，找一个普通人代言只需要花费十万，他们依然会毫不迟疑地邀请明星。因为明星是权威人士，尤其是对于时装、珠宝、化妆品等产品，明星往往走在时尚的前沿，所以就算他们并没有真正使用他们所代言的东西，看到广告的普通民众，也会觉得他们真的使用他们代言的产品，因而对产品形成好印象，甚至盲目跟进购买同样的商品使用。这样的效应，如果换作普通人，是根本不会出现的。

在说服他人的时候，我们要想取得良好的效果，也可以利用权威效应。诸如，我们可以举名人或者伟人的例子，说服他人相信我们的论断或者选择。再如，我们还可以指名道姓地告诉他人，就连某某权威人士都信服我们，这样他人也会跟风，对我们表示非常信任。如此一来，我们的说服工作自然效果显著，立竿见影。

很多从事销售工作的人，都知道权威效应的强大威力。例如，前段时间黄晓明代言了一个理财平台，很多人之所以选择这个平台，就是因为喜欢和信任黄晓明。当然，当这个理财平台携款跑路之后，那些人也都恨透了黄晓明。所以，很多销售人员在推销的时候，都会以那些权威人士作为自己的有力证据。当然，所谓的权威效应，并非仅指权威人士或者是明星、伟人等。很多时候，那些具有说服力的统计数据等，也都具有很好的引导作用，能够说服他人。有的时候，我们含糊其词说的话，都会被他人当成是胡编乱造。但是假如我们以精确的数据说话，他人就会更加信任我们，也会对我们言听计从。

这个周末，鲁大妈来到商场，想给老伴买一份生日大礼。然而，她在商场里转来转去，也没有找到太合适的礼物。恰巧遇到一家保健品店开业，她就信步走了进去。这时，一位销售员迎上来，在得知大妈的需求后，她马上向大妈推荐了一款按摩椅。

这款按摩椅价格不菲，居然要三万多块。但是鲁大妈试用之后，觉得的确很舒服。不过她也很犹豫，毕竟三万多块钱赶得上她小一年的工资了。这时，销售员似乎看出鲁大妈在犹豫，因而趁热打铁地说："大妈，这款按摩椅是最新款，效果也是最好的。您与其送给老伴一个不实用的小礼物，不如送给老伴这份大礼。其实，不仅您和老伴可以使用这款按摩椅，您家的儿女在辛苦工作一天之后，也可以使用按摩椅舒展压力，缓解疲劳。您知道香港大名鼎鼎的功夫巨星嘛，他可是我们产品的忠实用户，您看看他身体多么健康啊！"说完，销售员就把她口中所说的香港功夫巨星的海报指给鲁大妈看，原来，这位巨星正是他们产品的代言人。就这样，鲁大妈下定决心买了按摩椅。

如果不是销售员趁热打铁以功夫巨星说事，也许鲁大妈还得考虑一段时间，或者等到回家之后改变主意，就不再购买了。很多时候，买某一件东西也就是人们一念之间的事情。作为销售人员，一定要抓住最佳的销售时机，趁热打铁促成交易。当然，大多数时候我们的语言都是乏力的，而且会遭到客户的质疑。这个时候，如果有权威人士可以用来增强说服力，则是再好不过的。

各行各业都有权威人士，在现实生活和工作中，我们要想顺利达成目的，就要学会使用权威效应说服他人，这样的说服工作往往效率倍增，事半功倍，也会给我们带来极大的便利。

趋利避害，是人的本能所向

人是趋利避害的动物，每个人出于本能，都会维护自身的利益。所以，在说服他人的过程中，假如我们只顾着自身利益，而把对方的利益弃之不顾，那么对方一定很难理解我们，更不会轻易接受我们的意见和建议。我们要想说服他人，或者与他人成为同一战壕的战友，或者更多地考虑他人的利益，从他人的利益出发处理问题，这样他人才会更加信任我们，不再排斥我们。

也许有些朋友会说自己与他人的利益原本就是对立的——其实，只要用心去找，我们总能找到与他人利益一致的地方。这样一来，说服他人也就水到渠成。人是感情动物，也是非常感性的，感情非常细致。别人对于我们的态度和心意，我们早晚能够感受到。因此，朋友们，千万不要以虚情假意对待他人。尤其是在说服他人的过程中，如果我们急功近利，他人一定会对我们非常反感，也会对我们失去信任。这样一来，无疑得不偿失。

作为一名房地产销售人员，小静的销售业绩一直很好。虽然她不是很爱说话，性格也不属于外向开朗的类型，但是她总能够成功打动客户的心，得到客户的认可和忠心追随。

前几天，小静带着一对年轻的情侣四处看房。这对小情侣手中积蓄不是很多，只想买套一居室。在带看的几套房源中，小静首先推荐一套中低楼层的一居。小静说："这套一居室非常适合你们。看您二位，应该是买婚房。等有孩子了，中低楼层上下方便，也方便带孩子出来晒太阳。虽然那套六层顶楼的房子便宜几万，但是我建议你们只要首付够用，还是不要为了节省几万元钱买六层的。毕竟，有了孩子之后，孩子的玩具啊车子啊，都是很难从六层搬下来的。到时候如果家里有老人，也会因为楼层太高，导致居住不方便。"小静的一番话，让那对情侣不由得对视而笑。的确，小静考虑得非常周到，说得也很在理，甚至比他们想得还要周全呢。后来，交易达成了，那位女性客户还对小静说："你这个房地产销售员和我们接触的其他人不一样。其他人总是催着我们买买买，很少为我们分析得这么详细，而且你站在我们的角度上考虑问题，这也是我们信任你，愿意采纳你建议的原因。"

的确，现代社会，越来越多的人急功近利，不管是在生活中还是在工作中，都恨不得马上赚取利益，根本不讲职业道德，更不会用心为他人服务。实际上，人是很敏感的感性动物，对于他人对我们的态度和心意，我们心中一定会有所感觉，也会有所感悟。因而，我们与其急切地想要得到利益，不如发自内心地为客户考虑，如此一来，相信客户一定会感激我们、信任我们、选择我们。

人生在世，除了利益之外，还有很多值得我们珍惜的东西。人与人之间相互理解和信任，就是人际交往最高的境界。在这种情况下，我们与其与他人反目成仇，不如更好地理解他人，从他人角度出发，为他人考虑，这样我们才能实现自己的远大利益。古人云，一叶障目。我们也需要注意，不要被眼前的小小利益蒙蔽眼睛，而要坚持原则，做好最完美的自己。

说服要层层推进，由浅入里

这个世界上，绝没有一蹴而就的成功，也没有天上掉馅饼的好事情，所以我们做任何事情都要脚踏实地，一步一个脚印地获得进步。在说服他人的时候，很多朋友恨不得把自己的意见和观点马上强加于人，殊不知，这是根本不可能实现的，因为每个人都是这个世界上独一无二的个体，每个人都有自己独立的见解和观点。我们要想说服他人，必须做到让他人心服口服，在说服过程中要紧扣主题，层层推进，这样才能由表及里，由浅入深，最终达到说服的目的。如果我们一开始就非常强势，强迫别人，只会使别人发自内心地抵触我们，导致我们的说服工作无法进行下去。所以聪明的说服者绝不心急，他们明白说服他人如同剥笋，必须一层一层地把笋的外皮剥开，才能找到笋鲜嫩的内在。

曾经，有个心理学家把一只青蛙放到煮沸的水中，结果青蛙一下子就从水里蹦跳出来了。后来，这个心理学家把青蛙放入冷水中，然后使用小火缓缓地加热，等到青蛙意识到危险想要跳出来的时候，已经为时晚矣。由此可见，人们对于强势的东西总是心怀戒备，而对于温水煮青蛙似的逐渐渗透，却会放松警惕，不再心慌意乱。在说服他人的时候，假如我们一开始就强求他人按照我们的想法和思路来，那么他人一定会非常抗拒我们。相反，假如我们缓缓地渗透他人，那么他人也就不会从一开始就抵触我们。等到他们意识到危机的时候，说不定已经不知不觉地跟着我们的思路走了很久，再想跳出去也就很难了。因此，高明的说服者，对于艰难的说服任务，反而不会过于心急。他们通过各种形式的巧妙交流，由浅到深、层层推进，最终彻底解决问题。这种做法不但可以避免冲突，而且会使对方心服口服。

齐宣王在位时，整日贪图享乐，不思进取。为此，孟子决定劝说齐宣王。他对齐宣王说："如果有个大臣要去楚国，因而把妻儿老小托付给朋友照顾，等到他回家时，却发现他的妻儿老小生活凄惨，这时候，他该如何对待他的朋友呢？"齐宣王根本不知道孟子的葫芦里卖的是什么药，因而斩钉截铁地说："当然要彻底绝交。"

这时，孟子又问："军队主要靠将领负责，但是假如这个将领整日过着昏天暗地的生活，根本没有能力管理好军队，又该如何呢？"齐宣王觉得这个问题简直不用思考，因而张口就说："撤掉这个不称职的将领。"此时，孟子终于言归正传，开始说起正题："假如一个国君身居高位，却不能治理好国家，又该对这个国君如何呢？"这时，齐宣王恍然大悟，领会到孟子的意思：如果一个国君不能治理好国家，那么就应该将其撤职。

说服工作绝不是简单的工作，更不是轻易就能取得成功的。假如孟子一开始就指责齐宣王不是一个称职的国君，那么齐宣王一定会勃然大怒，甚至还会下令砍掉孟子的脑袋。但是，孟子很聪明，他先举例子，把齐宣王带到他预先设定的思路中，然后再以第二个假设进行强化，最后才说出心里想说的话，这时候齐宣王虽然意识到他的用意，却不能自己打自己的嘴巴，因而对于结果也无可辩驳。由此一来，孟子轻松地实现了自己的目的，达到了谈话的预期效果，完成了说服任务。

每个人都很爱惜面子，也不愿意被他人平白无故地否定或者指责。人人都喜欢吃鲜嫩的春笋，但是必须耐心剥开春笋外面层层包裹的皮，才能满足口腹之欲。在说服他人的时候，我们也要层层推进，这样才能让我们的说服工作不显得突兀，才能增强我们的说服力，让他人对我们无可辩驳。

利用随大流心理，说服他人顺从大众

一个人在大街上行走，如果他走着走着突然抬起头看向天空，那么他身边的很多人也会停下脚步，和他一样看向天空。虽然他们不知道他在看什么，但是他们推测他一定是发现什么稀奇的东西。随着更多的人加入他的队伍和他一起看天，会有更多的人仿照他的样子去做。现代社会的交通很繁忙，因而红绿灯成为调节交通的重要工具。很多汽车在通行的时候能够遵守红灯，而很多行人在等红绿灯的时候却总是无法做到完全遵守交通规则。曾经有个调查小组对人的从众心理进行试验，发现原本有些人是可以等红灯的，但是因为发现他们身边的人闯红灯，他们便也跟随其后，理所当然。反之，假如有很多人都在等红灯，没有任何人跃跃欲试闯红灯，那么大多数人都能够做到遵守交通规则，不抢行。这就是从众心理的强大作用。

在说服他人的过程中，我们可以选择很多种方法达到说服目的，当其他方法都不管用的时候，不妨试一试从众说服法。一则我们可以列举有很多人都作出相同选择的事例；二则我们也可以找到更多志同道合的人，以车轱辘战术的方式，以众敌寡，将说服对象彻底同化。

艾米的小火锅店开业三天了，但是每天都门可罗雀，冷冷清清。艾米不由得着急起来，她很清楚，人们吃饭的时候总是选择扎堆，即去生意火爆、需要等位的饭店去，哪怕排队，也觉得吃着香。艾米也知道，要想打出属于自己的招牌，刚开业的时候是关键。就算自己家的火锅店口味好，如果始终没人进来吃，也就没有所谓的回头客可言。所以，她决定冒险做一件事情。

艾米在小火锅店门口贴出一张告示："庆祝开业，全场五折，啤酒免费。"就这样，艾米的火锅店一夜之间火遍全城，很多人甚至打车来吃火锅呢。虽然算上房租和人员开支艾米还赔钱，但是至少人气上来了。在这三天里，艾米打起精神盯着菜品，她绝不因为价格便宜就供给食客不好的东西，相反，她要在这三天里聚集人气，树立口碑。果不其然，三天之后，虽然食客没有五折酬宾的时候那么多了，但是人气依然很旺。那些吃过五折价的老食客，虽然如今没有那么大的优惠力度了，但是依然会来光顾。就这样，艾米的火锅店越做越好，回头客也越来越多。

人总是有从众心理。艾米的火锅店虽然是因为五折促销才火爆起来的，但是也利用了人的从众心理。当人们走过火锅店门口，看到里面坐满了食客的时候，人们自然愿意走进去尝尝这家新开的小火锅店的味道，或是纳闷：这家火锅店究竟有何独特之处，居然能吸引这么多人气呢？一来二去，艾米的火锅店渐渐人尽皆知，拥有了稳定的老客源和源源不断的新客源。

在现实生活中，假如我们能够巧妙利用从众心理，那么在说服他人的时候，就会事半功倍。从某种意义上来说，从众心理是一种非常有利的武器，不但能帮助我们同化他人，也能让他人寡不敌众，只能缴械投降。

利用从众心理，还可以帮助我们积聚人气，从而让气氛变得异常火爆。如今，很多商家在促销的时候都会利用人的从众心理积聚人气，如超市打折促销，使得店中顾客盈门，摩肩接踵，从而进入良性循环，再吸引更多的顾客到来。当然，当说服工作进入白热化阶段的时候，除了使对方心甘情愿地从众之外，也可以以众寡敌，逼迫对方不得不就范，这是一种强势的高压手段。

归谬说服，让对方心甘情愿作出让步

所谓归谬说服，顾名思义，并非直截了当反驳对方的观点，而是先假设对方的观点是正确的，然后根据对方的观点进行推理，最终得出错误的结论，这样也就验证了对方的观点其实是错误的。如此一来，对方面对错误的结论，自然无法继续坚持自己的错误观点，往往会心甘情愿承认错误，放弃错误的观点，接受我们的正确观点。至此，我们的说服工作也就水到渠成了。

很多时候，人们虽然表面看起来有道理，但是口头上的道理并不能真正站稳脚跟。唯有得到事实的论证，才能真正地验证道理。所以，当我们不方便直接反驳那些固执己见或者用心邪恶的人时，不如使用归谬说服法，让事实说话，这样既能达到预期的说服目的，也省得我们与对方浪费口舌。

楚国的艺人优孟身材魁梧，尤其喜欢与人辩论。他辩论的时候喜欢使用风趣幽默的语言，委婉巧妙地说服他人，从而既保持与他人的良好关系，又如愿以偿地达到说服目的。

楚庄王特别宠爱一匹马，专门让人为马建造了房子，还让人用丝绸给马做衣服。一般的马都是席地而卧，这匹马却得到了楚庄王的特殊优待，它在铺着柔软被褥的床上睡觉，它的床上还挂着帷幔。它每天吃的也不是干草，而是用蜂蜜浸泡的枣。也许是因为生活过于优渥，这匹马无福消受，很快就因为肥胖而死。楚庄王伤心不已，居然下令让文武百官都来吊唁这匹马，还决定按照大夫的礼节下葬这匹马。诸位大臣都表示反对，楚庄王心焦如焚："如果有人反对这样葬马，就当即处死。"这个决定使大臣们敢怒不敢言，全都闭口不语。

得知此事后，优孟号啕大哭着来到王宫。楚庄王很惊讶，不知道优孟为何这样伤心。优孟说："这可是大王最爱的马呀，我们楚国国富民强，不应该只给这匹马大夫的下葬规格，而要将其像下葬国君一样厚葬。"楚庄王忙问："怎么厚葬呢？"优孟接着说："以雕刻精美的玉石为棺材，以雍容华贵的梓木作为外棺，还要挖掘很高的墓穴，最好再让各个国家的代表来吊唁。下葬之后，我们还应该建设庙宇，专程找人负责祭祀。这样，各个国家才能知道大王的确是非常喜欢和在乎这匹马啊！"楚庄王听到优孟的话，说："我难道真的罪不可恕了吗？这可如何是好呢？"优孟说："我可以帮大王处理此事。我就像安葬牲畜那样安葬它，使其和其他牲畜一样，成为人们肚子里的美食。"优孟话音刚落，楚庄王就把处理马的事情交给优孟处理，从而避免了这件事被全天下人传为笑谈。

要想说服他人，可以抓住他人错误的观点，层层推理，从而最终得出错误或者荒唐的结论。这样一来，他们才能看到观点中隐藏的错误，并且采取方法及时挽回。这种归谬说服法尤其适用于无法直接劝说的那些人，这样他们就会主动意识到自己的错误，从而心甘情愿地改变自己的错误决定。

现实生活和工作中，说服无处不在。我们有可能需要说服自己的亲戚朋友、同学同事，有的时候也需要说服陌生人，或者是与我们有着利益关系的客户。总而言之，不管说服谁，假如其他的说服方法不管用，或者说服对象的身份地位特殊，我们都可以采取归谬说服法，顺利说服他人，使他人对我们主动作出让步。

让对方不断说“是”，不给对方否定的机会

一个人如果接连不断地说“是”，那么当面对他人的再次提问时，他依然会毫不迟疑地说“是”，但是此时的正确答案其实是“不是”，这就是心理定式对人的影响。“刻板印象原理”是心理学上的著名原理，意思是说一个人在特定时间形成的心理定式会影响他此后的思路和言行。从经验的角度来说，就是指一个人在已有经验的影响下，面对问题时会有一定的倾向性，甚至他作选择和决定时也会受到影响。

为了验证刻板印象原理对人的深刻影响，苏联心理学家曾经进行过相关实验。他们拿出同一张照片，分别给两组受试的大学生看。在第一组大学生看照片时，心理学家告诉他们照片上的人是罪犯。在第二组大学生看照片时，心理学家却告诉他们照片上的人是成功人士。后来，心理学家要这两组学生分别描述照片上的人，结果显示第一组大学生把照片上的人描述成活灵活现的罪犯，而第二组大学生则把照片上的人描述成事业有成、品德高尚的成功人士。为何同一个人却得到如此相反的评价呢？究其原因，就是因为心理学家此前对大学生的讲述影响了他们此后对这个人的描述和认知。这是不是很神奇呢？其实，这种现象在生活中是很常见的。

在人际交往的过程中，假如我们想要有计划地说服一个人，那么我们也可以运用心理定式，让对方从一开始就对我们点头称是，心悦诚服。这样一来，当说“是”成为习惯，他就很难打破这个怪圈，把自己释放出去。

南娜最近谈了一个男朋友，她很喜欢这个男朋友，但是担心父母不同意。为此，她先是在父母面前夸赞男朋友，说男朋友非常努力上进，虽然家在农村，但勤奋刻苦地学习，最终成功鲤鱼跳龙门，考入名牌大学。她还告诉父母，男朋友毕业后靠着辛苦打拼，在大城市站稳脚跟，买了属于自己的房子。虽然房子很小，只是一套小公寓，但是这对于家里根本不能提供任何支持的孩子而言，已经是很大的成功了。在南娜的不停渲染下，父母对于未来的女婿非常感兴趣，而且在心里将其设想成一个非常有为的年轻人。

后来，南娜还把男朋友的照片拿给父母看。的确，男孩眉清目秀，一看就是老实本分的人。直到父母都急不可耐，恨不得马上见到真正的准女婿，南娜好不容易才同意把男孩带回家里。然而，父母看到男孩之后不免有些失望，因为男孩虽然各方面都还不错，但是身高很矮。南娜一米六八，男孩只有一米六五，这让父母觉得难以接受。但是，男孩走后，南娜继续在父母面前做工作。她与父母之间进行了如下对话：“你们希望我幸福吗？”“是！”“我是不是只有选择我爱的人，才会幸福？”“是！”“小张就是我爱的人，我是不是应该选择他？”“是！”……就这样，南娜顺利说服父母，使父母忽略了小张身高比较矮的缺点，决定尊重女儿的选择。

其实，南娜早在认识男朋友之时，就开始铺垫、给父母做工作。她在父母还没有见到小张真人的时候，就在父母面前夸赞小张，从而使父母发自内心地认可和接受小张，也对小张充满好奇和期待。见面之后，尽管父母对小张有些不满意，但是南娜继续运用心理定式，与父母进行交流，最终使父母对她的选择作出了肯定的回答。

在企图说服他人时，我们要想为对方营造心理定式，就要先选择一些对方肯定会作出肯定回答的问题提问对方，等到对方回答“是”成为习惯，我们再猝不及防地抛出我们真正想得到肯定回答的问题，这时候才能如愿以偿地得到肯定的回答。前提是，我们必须先让对方放松警惕，以轻松的状态与我们交谈。当然，形成心理定式的目的并非只是得到对方肯定的回答，而是与对方真正达成共识，获得一致。

第08章

求人帮忙巧说话，让他人心甘情愿帮你到底

一个人即使能力再强，也不可能仅仅依靠自己的努力就获得成功。尤其是现代社会，各行各业分工合作越来越密切，一个人要想成功，必须更多地依赖他人的力量，从而让自己事半功倍。当然，求人帮忙并非一句话的事情，除非关系亲密，否则还需要我们展开攻关，才能让他人心甘情愿地帮助我们。现代社会，把话说好，得道多助，对于成功是非常重要的。

适当示弱，才能得到他人的帮助

一个人，如果总是趾高气昂地说话，他身边的朋友一定会越来越少，因为没有人愿意被他人颐指气使。一个人，假如学会适当示弱，尤其是在求助于他人的时候能够学会放低姿态，那么他就能够赢得他人的真心帮助，自然事半功倍。

毫无疑问，求助于人不是一件简单的事情。现代社会，更多的人习惯于明哲保身，不愿意慷慨地对他人伸出援手，一则是因为人情冷漠，二则也是因为现代社会人们的生活节奏越来越快，工作压力越来越大，大家已经自顾不暇，又如何能够顾全他人呢？所以，我们为人处世，一定要搞好人际关系，这样才能在我们需要的时候求得他人帮助，从而助自己一臂之力。

丽丽和苏阳都是性格强势的人，虽然他们恋爱期间特别甜蜜，但是自从结婚真正在一起生活之后，他们之间总是摩擦不断，丽丽甚至觉得自己嫁错人了。

这个周末，丽丽和往常一样开始打扫卫生，苏阳却坐在电视前惬意地看着电视节目，时不时地还喝一口啤酒。丽丽累得满头大汗，越想越生气，不由得斥责苏阳：“大爷，您难道以为这个家是我一个人的吗？我是你的保姆还是你妈啊，难道你觉得我嫁给你就是为了伺候你吗？明明看到我这么忙，还坐在那里看电视，难道你眼睛看不到还有一大堆衣服要洗，地板也脏兮兮的没有擦吗？”丽丽这一通话下来，苏阳不由得对她怒目以视。苏阳不高兴地说：“你想干就干，不干就拉倒，又没有人强迫你干！”可想而知，苏阳的态度，使得他们之间爆发了争吵，就这样，一个愉快的周末结束了，他们吵得昏天暗地，丽丽一气之下回了娘家。

妈妈看到丽丽气鼓鼓的，问清楚事情的缘由后，说：“你呀，从小被我和你爸爸惯坏了，说起话来嘴巴就像刀子一样，绝不饶人。要知道，你们现在已经是夫妻了，你要学会和苏阳相处。比如今天的事情，的确是你不对。男人都是很粗心的，他们不会主动干家务，当然你有权利要求他们分担家务，但是一定要注意方式方法。男人很爱面子，即便只有你们两个人在场，假如你对他颐指气使，他也是不愿意的。你要是换一种方法，向他求救，示弱，也许事情的结果会截然不同。”在妈妈的指点下，丽丽陷入沉思。她不由得想道：也许，男人真的要靠哄的。回家之后，丽丽做晚饭。她一个人手忙脚乱，正想抱怨苏阳，突然想起妈妈的话，因而对苏阳好言好语：“亲爱的，你能帮我把那个鱼收拾收拾吗？我对付不来它，它虽然已经被杀了，但是还活蹦乱跳的，好吓人啊！我想晚上给你做你爱吃的红烧鱼。”听到丽丽的温柔话语，再看看丽丽面对大鱼可怜兮兮的样子，苏阳当即卷好袖子，来帮丽丽处理鱼。就这样，他们夫妻二人在厨房度过了一个美好的夜晚。

丽丽听从妈妈的建议，换了一种方式和苏阳交流，不再对苏阳颐指气使，而是对苏阳示弱，果然得到了苏阳的全力配合和真心疼爱。人都有照顾弱小的心理，尤其是当自己心爱的人对自己示弱时，更是会抓住机会好好表现。所以，我们在求助于人时，不管是面对自己的亲人和爱人，还是面对普通的同事、朋友，要想如愿以偿地得到他人的帮助，我们就要降低姿态，千万不可对他人颐指气使。

现实生活总是残酷的，每个人就算是千手观音，在生活中也难免会遇到无法应对的情况。在这种情况下，我们平日里辛苦经营的人脉资源就该派上用场了。然而，面对我们的求助，他人是否帮助我们，主动权完全在他们手中。所以，我们在求助于人的时候，必须掌握求助的技巧，组织好语言，才能成功打动他人，让他人心甘情愿地帮助我们。

恰到好处的自我介绍，让他人赏识你

一个人从呱呱坠地开始，原本是孤独地来到这个世界上，但是为了更好地面对这个纷繁复杂的世界，他先是接受父母的照顾，与父母成为最亲密的人，随着渐渐长大又走出家门，认识越来越多的人。不得不说，人作为群居动物，任何时候都不能完全脱离人群。但是，如何认识和结识他人呢？尤其是当我们不得不求助于陌生人的时候，我们要如何作自我介绍，才能得到他人的认可和信任呢？这的确是个值得关注和用心思考的问题。

众所周知，第一印象对人的影响是很大的，很多时候，我们与他人的相处，很大程度上取决于我们对他人的第一印象。同样的道理，我们给他人留下的第一印象如何，也决定了他人对我们的认知和评价。所以，朋友们，我们必须作恰到好处的自我介绍，给人留下良好的第一印象，才能得到他人的认可和赏识，才能让他人对我们刮目相看。尤其是在有求于人的时候，良好的第一印象，往往能够让他人对我们更加慷慨和热情。

那天，小莫急急忙忙赶去车站，他要去外地出差，但是因为临时有事耽搁了，导致到达车站时已经开始检票了。幸好是始发站，所以他还能勉强赶上车。然而，他刚刚走入候车大厅，正往检票口奔去，一个中年的农民工突然拦在他的面前，嗫嚅着问："您能帮我买张车票回家吗？我的钱包被偷了。"小莫上下打量着对方，这个农民工模样的人大概四十岁，衣衫褴褛，面色尴尬。他不由得想到了骗子。小莫正准备拒绝他离开，这时，从那个农民工身后走出来一个十岁左右的孩子。这个孩子用真诚的眼神看着小莫，说："叔叔，我们的钱包真的丢了。我爸爸就在北京的一个工地打工，我借着暑假来看他。没想到，我们刚到车站钱包就丢了，现在距离我们回家的火车发车只有不到半个小时了。下一趟车，要等到明天这个时候。请您帮帮我们，我们只需要88块钱，就可以买到两张回家的车票。您放心，一回到家里，我们就把钱寄还给您。真的恳求您。"孩子的这番话打动了小莫，他暗暗想："假如我不给他们买票，他们就要忍饥挨饿等到明天这个时候，还未必能够得到帮助。我宁愿丢掉一百块钱，也不想让他们父子俩流落街头。"

想到这里，小莫拿出一百块钱给了中年男人，不等对方说那些感谢的话，他就奔向检票口。小莫刚刚在火车上靠着窗户的位置坐下，就拿出手机看时间。谢天谢地，还有十分钟才发车，他总算赶上了。正当他高兴时，一个稚嫩的声音突然在车窗外喊他："叔叔，叔叔，这是买票剩下的钱。"原来，那个孩子也买了票进了站，开往他们老家的火车，恰巧与小莫乘坐的火车在相对的火车轨道上。孩子举起一把零钱，把手伸向小莫："叔叔，这是买票剩的钱，先还给你。"小莫笑了，原来这对父子真的不是骗子，他对男孩说："用这些钱给你和爸爸买瓶水喝吧。祝你们一路顺风！"

农民工之所以求助被拒绝，是因为他的开场白实在太笨拙。幸好他的儿子是个小学生，还算口齿清晰、灵活，因而以一通话赢得了小莫对他们的认可和信任，如此，他们才得到小莫的帮助。当然，当看到农民工父子也赶上了当天的火车，小莫也产生一种成就感，倍感欣慰。

现实生活中，每个人都需要他人的帮助，有的时候我们求助于认识的熟人，有的时候却因为情况紧急，迫于无奈，只能求助于陌生人。在这种情况下，我们一定要先作好自我介绍，才能打动陌生人的心，赢得陌生人的帮助。当然，需要注意的是，在进行自我介绍时，我们千万不要磨磨蹭蹭，而要口齿清晰说出重点，这样才能在对方耐心耗尽之前，有效得到对方的认可和肯定，也得到对方的帮助。

求人帮忙时，别忘记许诺回报

求人帮忙时，很多人作足准备，好话说尽，却没有取得预期的效果。究其原因，是因为他们忘记说最重要的话，即忘记许诺回报。虽然很多人都喜欢唱高调，大喊付出不求回报，但是实际上人们在付出的时候内心深处还是奢求回报的。尤其是对于关系不那么亲密的人，更是希望一分耕耘一分收获。不过，这也是难免的，毕竟人与人都是独立的个体，谁也不欠谁的。就算从求助者的角度出发，我们也应该滴水之恩，涌泉相报，这样才能在再次求助于他人时依旧得到他人的热情对待。

很多人都曾走过桥，没有人会把自己走过的桥拆掉，因为在未来的日子里，我们也许还会不止一次地需要从桥上走过。做人做事也是如此。我们求人帮忙，更要承诺给他人回报，并且要竭尽所能地兑现承诺。古代社会，人们凡事求助于神仙，尚且知道要烧香拜佛许愿还愿；对于那些有可能向我们慷慨伸出援手的人，我们更要许诺回报，这样才能给予对方更大的动力来帮助我们。有的时候，哪怕对方对我们真心实意，不奢求回报，我们也要作出应有的承诺，这样对方才会更加心甘情愿地帮助我们。如此皆大欢喜的结果，自然是更加完满的。

李运刚刚从老家东北来到北京，他原本是个厨师，现在正在四处找工作。他居住的临时出租屋里，有个合租的年轻人恰巧是一家二手房经纪公司的店经理，正在招聘呢。听说销售二手房比当厨师挣钱多多了，李运决定试试运气。

他几次三番找到同屋的年轻人帮忙，因为他只有高中毕业，文凭很低，原本是不符合公司要求的。看到对方为难的样子，李运马上表示忠心："哥们儿你放心，我只要去了你们公司一定好好干，绝不给你丢脸。要不你就说我是你老家的亲戚，也许老板看在你的面子上就要我了呢！反正，我一定竭尽全力，绝不给你脸上抹黑。等到我挣了钱，我第一个报答你，而且我在公司里不管干多长时间，都会忠心拥护你，对你忠心耿耿。所以，你就放心吧！"听完李运的话，年轻人不由得笑起来。他说："我可不奢求你的回报。只要你把工作做好了，也就不枉费我绞尽脑汁把你弄进公司。"就这样，年轻人想办法把李运引荐给了公司，李运果然非常努力，勤奋刻苦，在工作上很快就有了成就。

每个人帮助别人时，哪怕真的不想得到回报，但是听到对方承诺回报，心里也必然是高兴的，因为这至少说明对方是真的感受到他的鼎力相助，对他心怀感激。相比起有些人在得到他人帮助之后从来不说谢谢，这样承诺回报的人显然更容易打动他人，更容易得到他人的帮助。而且，当他们真的倾尽全力回报他人后，等到他们再次求助时，他人也会更加愿意帮助他们。可以说，得到他人帮助之后却不答谢他人的人，就如同过河拆桥，等到需要的时候就无桥可过了。因此，聪明的人总是知恩图报，有来有往，所以人生的道路越走越宽。但是吝啬的人呢，则是不知道知恩图报，得到别人的帮助甚至连谢谢都不说，因而导致人生的路越走越窄，最终没有人再愿意帮助他们。

及时转移话题，让他人来不及拒绝你

求人办事是最难的，因为开口就是一种很大的挑战，尤其对于性格腼腆、面子薄的人而言，更是需要莫大的勇气才能张口求人。同样地，拒绝他人也是很难的，因为大凡张口求助的人一定是有些交情的，否则对方也不会突兀地求助，这样一来注定了拒绝他人会很尴尬，还要绞尽脑汁地想出各种理由和借口。其实，不但我们拒绝他人难，面对我们的求助，他人拒绝我们的时候也同样困难。所以，朋友们，在求助于人的时候，假如我们知道对方是有实力帮助我们的，那么我们完全可以及时转移话题，从而让他人根本无暇拒绝我们。

不管做什么事情，除非特意谦让，人们总讲究先下手为强。求助于人也是如此，假如我们不开门见山，还不等我们把请求说出口，对方就抢先摆事实讲困难，那么我们就无法说出自己的请求了。因此，在求助于人时，我们要抢占先机，先说出自己的请求。这样，至少我们还是有机会求助成功的。此外，在说出求助的请求后，我们也可以及时转移话题，这样对方就没有机会拒绝我们，我们成功求助的可能性也就更大。

小马最近正在考虑买房的事情，但是他还缺很多首付，因而琢磨着和亲戚朋友以及同学们都借一些。这个周末，小马买了礼物，去拜访一个比较好的同学。他知道这个同学还没买房，也没有谈女朋友，手里应该是有些积蓄的。

见面之后，简单寒暄几句，小马开门见山就说出了自己的请求，他还告诉同学：“我知道你的钱都在银行理财，你放心，我比银行理财再多给你一个点的利息。这样也不让你有损失，我也能救个急。”同学有些犹豫，小马马上转移话题，开始说起大学期间在一起生活学习的逸闻趣事，这也算是间接地加深感情，因而同学更无法拒绝小马了。就这样，小马成功从这个同学手中借到十万元钱，解了燃眉之急。

对于同学而言，小马已经说出了请求，而且承诺给他更高的利息，还不停地说着同窗情谊，他怎么好意思打断小马的话，突兀地提出拒绝呢？要知道，人人都是爱面子的，既然小马没把他当外人，他当然也不能疏远小马，而且，等到他需要买房时，也许小马还会慷慨解囊帮助他呢！所以，这位同学犹豫片刻，也就顺从了小马。

说服别人，一定要抢占先机开口，不然，等到对方先说出为难的话，你就无法开口了。此外，我们还要事先想到对方可能会以怎样的理由拒绝，然后尽量给对方圆满的答复，消除对方的后顾之忧。在说服他人之前，我们不妨假设对方会接受我们的请求，从而营造良好的交谈氛围，再在说出请求之后及时转移话题，从而使我们与他人沟通顺利，我们也能如愿以偿地得到他人的帮助。

得寸进尺，一步步加大自己的要求

请求他人接受自己的请求时，假如我们一下子把所有要求都和盘托出，或者是突然对对方提出一个很大的要求，那么对方是很难接受的。聪明的人知道自己是求人帮忙，因而绝不会过于逼迫对方，也不会给对方造成太大的压力。他们先从小小的要求开始说起，等到对方接受之后，再渐渐地加大自己的要求，或者增多自己的要求，这样能够避免遭到对方的厌恶和嫌弃，也不会导致对方心生不悦。

简而言之，这种向他人提出要求的方式，就是得寸进尺。先进一寸，再进一尺，先进的一寸会给对方作好心理上的准备和铺垫，使他们不再觉得我们突兀。这样一来，我们提出大的或者更多的要求，自然更容易被对方接受。

一直以来，百川都很喜欢夏美。但是，夏美是学校里的校花，是无数男生的梦中情人，根本不可能对百川情有独钟。当然，夏美并非不喜欢百川，而是她坚决认为不能在读高中期间谈恋爱，否则就会影响学习。所以百川并不气馁，相反，他非常努力地学习，想要争取和品学兼优的夏美考入同一所大学。

果不其然，功夫不负有心人。在经历了黑色的七月后，百川和夏美居然都被上海一所知名大学录取了。百川兴奋不已，他觉得自己终于等到了近水楼台先得月的机会。他们相约结伴去学校报到，在大学里相互照顾，彼此帮助。有一个周末，夏美要去附近的一家书店买书，百川说："正好我也要去那家书店，要不你坐我的摩托车一起去吧？"既然正好"顺路"，夏美就没有多想什么，就接受了百川的邀请。没过几天，百川送给夏美家乡的特产，说："我爸爸来上海出差，顺道给我带了家乡的美味。你是我的老乡，我当然只能与你分享。"就这样，百川每次都会找个不起眼的理由，对夏美献出小小的殷勤。渐渐地，夏美越来越习惯百川对他鞍前马后。可想而知，一个学年下来，夏美理所当然地成为了百川的女朋友。

百川非常聪明，他知道夏美清高孤傲，很难征服，因而采取了循序渐进、步步为营的方法，先是从“顺路”“顺便”做起，渐渐拉近自己与夏美之间的距离。人都是有感情的，长期的接触和相处肯定会使人与人之间的感情升温。就这样，百川赢得了夏美的芳心，夏美自然成了百川的女朋友。

在请求他人之前，我们必须对他人有个初步的判断，知道我们的哪些请求是对方会接受的，我们的哪些请求是对方不会接受的。这样一来，我们请求他人时才能把握好分寸，绝不过于唐突，从而步步为营，循序渐进地说服他人答应我们的请求。

对于感情的软肋，一定要好好利用

在向他人提出请求的时候，我们除了使用各种谈判技巧说服他人之外，还应该打好感情牌。人是感情动物，每个人都是有感情的。通常情况下，我们愿意开口求助的人不是陌生人，而是那些与我们有些交情或者交往很深的人。因此，我们更应该打好感情牌，从而成功打动他人的心，使他人心甘情愿、毫不勉强地接受我们。

人的本能是趋利避害，也许有些朋友觉得可以采取强制的方法要求他人，但是这显然效果很差。要知道，现在是我们求着别人，假如我们还颐指气使，居高临下，那么我们如何能够如愿以偿呢？我们要做的是顺应他人，迎合他人，当然这并非是毫无原则的阿谀奉承，而应该建立在友好关系上的和谐融洽。为了避免言语上的冲突，我们与其与他人针锋相对，不如说些动感情的话，抓住他人的软肋，从而达到我们的目的。

作为一家自行车行的销售员，小敏在工作上始终有着非常出色的表现，其他同事都对她佩服不已，说小敏有一张能说会道的嘴巴。其实不然。车行里能说会道的销售人员很多，但是他们的业绩都没有小敏好，究其原因，小敏不仅能说会道，而且深谙客户的心理，总是能够抓住客户的软肋，从而成功打动客户。

有一天，车行里走进来一对年轻夫妇。看样子，他们三十多岁，应该是来给孩子买自行车的，因为他们一直盯着适合孩子骑的车看。这时，小敏走上前去，在与客户进行一番攀谈后，她为客户介绍了两款销售火爆的车型。显而易见，女性客户对于其中一款车很满意，但是这款车比另外一款贵一百块钱，这让她很犹豫。这时，小敏赶紧说："女士，您给孩子买车，最先考虑的一定是安全问题吧。我很负责地告诉您，这款车虽然比之前的那辆贵一百块钱，但它绝对是值得的。它的刹车片很好，而且轮胎更宽，底盘稳重，孩子骑上去之后不容易摔倒。您当然知道，汽车的轮胎，也是宽的更贵呢，因为抓地更牢。虽然一百块钱不是小数目，但是孩子至少能骑这辆车五年。在这五年的时间里，你们每天只需要多付五分钱。您觉得呢？"小敏的这番话，完全说到了那位妈妈的心里。的确，在给孩子买自行车之前，她最担心的就是孩子的安全问题。假如多花一百元钱能够让孩子在几年的时间里骑车时少摔倒几次，那么当然是超值的。就这样，那位女士高高兴兴地掏钱买了这辆价格更贵的车，而且对于小敏的服务非常满意。

小敏之所以能够成功打动这对夫妇，就是因为她站在客户的角度，考虑到客户担心的问题。所以当她说出贵一百块钱的自行车轮胎更宽，能够有效避免摔倒之后，女性客户当即采纳了小敏的建议，选择购买价格更贵的自行车。这样一来，小敏不但成功帮助客户作出选择，还得到了客户的信任。

当我们真心实意地关心他人时，他人是一定会感觉到的。所以，他们会更加信任我们，也愿意采纳我们的意见或者建议。在求助于人的时候，虽然我们在某些方面处于弱势，但我们还是可以在自己擅长的方面给予他人慷慨的帮助，哪怕只是为对方着想，这些都是能够感动对方的。不得不说，不管是从事销售工作，还是有求于他人，我们都在做“说服”的工作。因而我们必须把握好他人的心理，才能更加如愿以偿地达到自己的目的。

把话说到刀刃上，才能事半功倍

从本质上来说，人际沟通就是人与人之间进行交流。一个正常的人当然能够用语言表达自己，但是只有一个会说话的人，才能把话说到刀刃上，才能使交流事半功倍。所谓把话说到刀刃上，就是说我们在表达之前必须先在自己的心里整理出逻辑关系，组织好语言，从而主次分明、逻辑清晰地进行表达。这样一来，我们与他人的沟通才能达到更好的效果，才能避免说话含混不清，导致与他人沟通受到阻碍。

现实生活中，很多人的口才都非常好，他们说起话来口若悬河，滔滔不绝。殊不知，虽然他们说了很长时间，听话的人却一头雾水，根本不知道他们到底在说些什么。这并非因为他们不会表达，而是因为他们没有突出重点，也就是没有把话说到刀刃上。很多人以“一针见血、一语中的”来形容他人说话重点突出，层次分明。实际上，这样的说法并不全面。我们要想与他人更好地交流，就要主次分明，逻辑清楚。

那么，如何把话说到刀刃上呢？一则，我们说话的时候心中要有重点，要围绕一个中心思想进行。就像我们小学三年级开始学习写作文一样，我们必须把作文的主题先确定下来，然后列好提纲，最后才能填充血肉。二则，我们表达的时候语言一定要准确精练，切勿啰唆。否则，我们啰哩啰唆说了一大堆话，别人却根本不知道我们在说什么，更无法领会我们想要表达的意思，岂不是很难堪和尴尬吗？三则，完美表达的前提是我们内心要进行构思。尤其是在求助于人时，我们必须准确知道我们想要达成怎样的结果。就像船只在大海中航行必须有目标一样，我们也必须找准方向，才能目标明确地一往无前。总而言之，把话说好就已经很难了，把话说到刀刃上，更是难上加难。要想与他人的交流和沟通事半功倍，我们必须主动提升和完善自我，让自己思路清晰，组织好语言，才能得偿所愿。

正值毕业季，很多大四的学生都在争分夺秒地四处投递简历，参加面试。这一天，马云来到一家公司应聘会计，因为他大学所学的就是财会专业。出乎他的预料，就是这个小小的会计工作，竞争都非常激烈，应聘等待的会议室中，密密麻麻坐满了人。最终，马云过五关，斩六将，最终来到了复试环节。

为了节省时间，总经理安排复试环节十人一组，公开面试，马云很紧张。尤其是当听到其他面试者都介绍自己来自名牌大学，或者获得了哪些证书的时候，马云更是内心忐忑，觉得自己一无所有。终于轮到他了，他直截了当地说：“我认为，财务工作必须服从领导安排，而且要保证账目一清二楚，绝无疏漏。”就这样，虽然马云不是毕业于名牌院校，也没有特殊的背景，更没有各种各样的证书，但是他一语中的，把话说到了刀刃上，说出了对于财务工作的深刻理解。不出一天，他就接到了公司的录取通知，再也不用四处奔波找工作，只需要等到毕业就去公司报到即可。

也许有人会说马云只是侥幸才获得成功的。其实不然。马云的成功有着必然性。面试官已经厌倦了那些千篇一律的自我介绍，马云的话简短精练，恰恰使他耳目一新。由此可见，说话的作用大小并不在于话的长短和多少，而在于是否能把话说到点子上，是否能打动他人的心，这才是获得机会的关键所在。

现实生活中，很多人整日牢骚满腹，怨声载道。他们虽然说了很多，却没有说到点子上，最终导致白费口舌。说话的时候，要想做到一针见血，我们必须善于区分主要和次要问题，然后抓住主要问题，从而避免拖沓冗长。此外，说话时一定要惜字如金，用最少的字把事情说明白，这样别人才能听清我们的话，不至于误会混淆。总而言之，我们要想把话说到刀刃上，就要多多用心。

第 09 章

“花言巧语”化解矛盾，轻松摆脱尴尬境地

人们常说，有人的地方就有江湖，我们要说，有江湖的地方，就有矛盾。很多时候，我们一不小心说错了话，就会得罪他人，或者做错了事情，也会导致与他人之间关系紧张。在这种情况下，我们难免觉得尴尬，如果不能有效化解尴尬，那么很有可能与他人之间关系恶化，甚至导致严重的后果。由此可见，生活中学会与他人之间保持良好的关系，尤其是在关系紧张的时候能够以语言化解尴尬，是非常重要的。

委婉表达不快，让事情不恶化

每个人都是这个世界上独一无二的个体，每个人的脾气秉性和兴趣爱好都是各不相同的。所以，人与人相处的时候，难免会产生摩擦和不愉快，甚至还会导致纠纷和人际关系恶化。每当心情郁郁寡欢或者不高兴地时候，我们应该换一种方式表达，千万不要直截了当地斥责他人，从而导致人际关系恶化。这样一来，我们不但能够避免尴尬，还可以使事情出现转机，从而与他人更好地相处。同时，这么做也能给我们和他人留下回旋的余地，不至于让事情闹得不可收拾。

现代社会，很多年轻人都脾气火爆。他们在社会交往中，总是以自我为中心，总是对他人的言谈举止感到不满，甚至鸡蛋里挑骨头，对他人嗤之以鼻，心怀不满。其实，金无足赤，人无完人，不管什么情况下，我们都应该宽容待人。这样，我们才能心怀宽大，不至于因为一些无关紧要的小事情与他人发生矛盾。当人际关系和谐了，我们整个人都会变得开心起来，不管是生活还是工作，都会非常顺利。所以，朋友们，让我们学会委婉表达吧，既然犀利尖刻的语言非但无法解决问题，反而会使事情变得更加棘手，那么我们就应该学会轻松表达，从而使事情得到圆满解决。

具体来说，在不高兴的时候，我们首先可以选择沉默。面对我们的沉默，相信他人一定会有所感觉，也会知道沉默意味着什么。或者他们至少可以体察我们的情绪，有所收敛。而沉默是比较温和的表达方式，是一种被动的反抗，不会导致我们与他人的关系恶化。其次，当我们原本非常热情时，对方却突然说出刺耳的话，那么我们可以降低热情，表示冷淡。归根结底，人是非常敏感的，对于我们突然的情绪转变，只要对方不是神经特别大条，都能够敏感地感觉到。最后，我们还可以逃避。虽然说逃避不是积极和彻底解决问题的好方法，但是在不高兴的时候找个借口离开，可以帮助我们表达不满情绪，让对方多多思考我们到底是怎么了。这样一来，问题自然得以解决，彼此也能够有更多的时间思考和冷静。总而言之，我们有很多委婉的方式可以表达不满，唯独不要丝毫不顾及对方的颜面，说些不假思索的话。很多时候，说出去的话如同泼出去的水，是很难收回来的。

今年春节，莹莹和老公一起回到婆婆家过春节。他们开着新买的车子，婆婆也觉得面子上有光。但是让莹莹万万没有想到的是，婆婆居然瞒着他们，答应把他们的车子借给村子里一家结婚的人使用。直到人家要用车的前一天，婆婆才通知莹莹："明天村里有结婚的，你们开车去接新娘子，人家还给二百块钱呢！"莹莹一听到这句话，当即就不乐意了。她和老公结婚，婆婆家没有出任何钱，而且他们完全是白手起家，好不容易才攒钱买了这么一辆车子，拥有了小家庭的第一个所谓的财产。为此，莹莹马上拉下脸来，不说话。婆婆看到莹莹有些不高兴，又去和儿子说。儿子听完，也有些生气，抱怨道："妈妈，您要把车子给别人用，怎么不提前和我们商量下？这个车子我一个人做不了主，莹莹也要发表意见。"后来，不管婆婆怎么和自己商量，莹莹就是不说话。婆婆无奈，只好回绝了人家用车的事情。

莹莹虽然很不满婆婆的做法，但是好歹强忍着没有发泄出来。她一直以沉默的方式对抗，就是不想和婆婆把关系搞得太僵，还想给老公留个面子。幸好婆婆也不算非常强势，也知道自己做错了事情，所以最终没有违背莹莹的意思。假如莹莹一开始就和婆婆吵架，不依不饶，那么她的老公很有可能为了维护妈妈的面子而强制要求莹莹同意把车借给同村的人用，反而闹得更加不愉快。这样一来，事情总算有回旋的余地，不至于闹得太僵，也可以很好地收场。彼此心中有数，还维持着表面的和气，莹莹与婆婆的关系才能更加和睦。婆媳关系历来都是很难相处的，莹莹的做法很对，也有利于家庭的安定团结。

现实生活中，每个人都有自己的脾气，在遇到与他人一言不和的时候，人们总是无法控制自己的脾气，与他人争吵起来。其实，争吵非但不能解决问题，反而会导致事情恶化。在不高兴的时候，我们完全可以采取委婉的方式解决问题，从而顾全自己和他人的颜面，也使得事情得到圆满解决。要知道，很多时候，气氛一旦变得尴尬，就无法恢复活跃。所以，在与他人相处的时候，我们要尽量控制脾气，从而与他人友好和谐地相处。

损人不利己的话，任何时候都不要说

人是很容易冲动的，尤其是在愤怒的情况下，人们被愤怒驱使，总是口不择言，甚至说出一些如同尖刀一样刺向他人心灵的话。不得不提醒大家，说出去的话如同泼出去的水，假如我们情绪冲动时慌不择言，那么即便等到我们情绪恢复如常，也是根本没有办法消除对他人的伤害的。曾经有个小男孩，每天都要发数次脾气，后来他爸爸让他每发一次脾气就在木栅栏上钉一个钉子。后来小男孩虽然不再发脾气，也拔掉了木栅栏上的钉子，但是木栅栏上留下了千疮百孔，看上去惨不忍睹。这时，小男孩才知道语言也会给他人留下很大的创伤，而且会令他人心中永远留下伤痕。

很多人一旦歇斯底里，就完全不管不顾。他们哪句话解气就说哪句话，甚至恨不得以语言作为武器杀死他人。他们完全失去理智，不懂得权衡利弊，一心只为伤害他人。殊不知，任何时候，我们都不要说损人不利己的话。也许有些朋友会说，损人的话，都是利己的。其实不然，损人的话不可能利己。试想，你以语言的尖刀刺向他人的心灵，这对于你怎么可能有好处呢？若他人与你的关系急剧恶化，你甚至还会因为内心郁郁寡欢，导致心灵受到伤害和挫折呢！这样一来，你的工作和生活必然也不会顺利。所以，任何时候，我们都要保持最基本的理智，损人不利己的话，最好不要轻易说出口。

当然，人是感性的动物，很容易受到感情和情绪的驱使。在这种情况下，我们要想保持理智，必须做到以下几点。首先，我们要更加宽容，当别人伤害了我们，导致我们勃然大怒时，为了平息心中的怒气，我们要提醒自己，唯有更加理解他人，包容他人，才能不那么生气和歇斯底里。为了做到这一点，我们还可以设身处地地为他人着想。归根结底，我们不是神仙，我们不可能那么面面俱到。我们可以有七情六欲，却不能完全被愤怒冲昏头脑。其次，我们说话的时候应该留有分寸。所谓人有失手，马有失蹄。一个人哪怕再努力，也不可能面面俱到，把每件事情都做得恰到好处。所以，面对他人无心或者有意的错误，我们可以默不作声，也可以暂时回避，但是千万不要口不择言，把话说得特别绝对，这样我们就没有回旋的余地了。最后，我们要学会控制情绪，主宰情绪。毕竟每个人都有自己的为难之处，我们不应该肆无忌惮地指责他人，而应该更多地反思自己。当我们解决了自己的问题，所有问题也就迎刃而解了。

李伟结婚的时候借了张凯几万块钱，几年来，因为觉得张凯不急着用，李伟又经济紧张，所以一直没有还。这不，张凯也要结婚了，准备买房子，手头上的钱也不宽裕，因而想起向李伟要钱。但是，他不好意思直接和李伟要，害怕伤了李伟的面子。思来想去，张凯想出一个好主意。有一次，他故意在李伟的好哥们儿杜飞面前说："杜飞，有钱吗？借我几万吧！我的钱被李伟那个家伙结婚的时候借去用了，好家伙，现在他的儿子都能打酱油了，还没有还我钱。但是我还是个光棍汉，我也要结婚啊！借点儿钱给我，兄弟感谢你哈！"杜飞听到张凯的话，虽然没有当即答应借钱给张凯，却在和张凯分手后马上打电话给李伟："哥们儿，你结婚的时候是借张凯的钱了吗？他刚刚还向我借钱呢，说是着急结婚。我提醒你下哈，赶紧还钱，等到张凯向你要钱，不就难堪了吗？"

在杜飞的提醒下，李伟马上东拼西凑凑来钱，把李伟的钱还了。毕竟用了人家好几年的钱，张凯也算够意思了。后来张凯举行婚礼的时候，李伟还给张凯包了个大红包呢！

张凯不好意思直接向李伟要钱，就借助于杜飞，把需要用钱的讯息传递给李伟，这样既保全了李伟的颜面，也达到了预期的目的，可谓一举两得。当然，李伟和张凯都是杜飞的朋友，杜飞也是很乐意当这个传话筒的。所以，要想使用这种方式间接与他人沟通，一定要找与双方关系都很亲密的第三人，才能达到预期的效果。

说话虽然是每个人日常都会做的事情，但是说话也是有讲究的。我们必须做到口下积德，才能避免伤了他人的心，导致与他人关系恶化。任何时候，损人的话一定不利于己，所以我们必须谨言慎行，才能与他人友好相处；反之，若我们对他人恶语相向，他人也必然会对我们以牙还牙，这样一来，彼此间的关系就会陷入恶性循环，越来越糟糕，也不利于我们的生活和工作。

巧妙说话，让尴尬不复存在

生活中，总会有遭遇尴尬的时刻。每当这时，我们总觉得非常难堪，尤其是当有其他人在场的时候，因为觉得面子受到伤害，我们更是觉得非常难受。其实，在这种情况下，我们如果不知道如何自处，不如说些幽默的话，或者是能够帮助自己解围的妙语，这样我们就能有效消除尴尬，不再觉得难堪。

在不小心遭遇尴尬的时候，一定要镇定，千万不要心慌意乱，手忙脚乱，更不要因此导致笨嘴拙舌，否则我们就会更加被动。实际上，很多时候我们自觉丢了面子，其实别人并不像我们想象得那么在乎我们。只要我们内心坦然从容，镇定自若，我们就会少一些慌张，多一些理智，也就能够尽力挽回局面。

例如，当我们不小心对他人说错了话，我们可以马上道歉，正视自己的错误，这比我们对自己的错误视而不见要好得多。再如，当整体气氛比较尴尬和难堪的时候，我们一定不能继续加重气氛的沉重，而要表现得轻松些，这样才能尽量缓解氛围，也使他人变得轻松。当然，最糟糕的做法是我们明明知道自己错了，却还要绞尽脑汁为自己辩解。这样一来，我们欲盖弥彰，反而更容易给他人留下不好的印象。总而言之，我们要想及时缓解尴尬的氛围，最重要的是思维敏捷，及时作出反应，这样才能在最短的时间内改变局面。

《芙蓉镇》杀青的时候，何润东作为主角，和导演以及诸多演员一起出席记者招待会。记者招待会上，气氛原本和谐融洽，诸多演员也都非常耐心地回答记者的提问。突然，一位记者站起来，带着挑衅的语气问何润东："听说亚洲某知名网站最近对亚洲最丑明星进行了排名，吴莫愁排名第一，你排名第二。对此，您怎么认为呢？"这个记者话音刚落，现场就陷入了难堪的尴尬气氛中。演员，包括导演在内，全都紧张地看着何润东。因为他们根本不知道如何给何润东解围，又担心何润东因此恼羞成怒。正在大家大气都不敢出的时候，何润东却不以为然地笑着说："我很荣幸，自己终于在亚洲排名上也榜上有名了。但是我也有些遗憾，毕竟我这张脸这么多年来都忠心耿耿地追随我，但是我却只给它赚了个第二，实在是对不起它。要是我是第一就好了，我觉得事情会更完美。"

何润东回答完，现场所有人都给予他热烈的掌声，那个居心叵测的记者，觉得很不好意思，只好灰溜溜地结束提问坐下了。

何润东是个非常有趣的人，他很机智幽默。他并没有回避问题，而是直面问题，并且以自我解嘲的方式为自己解了围。他不但解救了自己，也解救了现场那些尴尬的演员同行们。就连那些记者，都对他佩服不已。

人生在世，任何事情都不会一帆风顺，我们唯有采取更好的姿态面对生活，从容不迫，才能得到生活同样的对待。在面对尴尬时，假如我们表现得轻松，其他人也会觉得非常轻松。相反，假如我们表现得非常紧张，那么其他人也会因为我们的尴尬而如坐针毡，根本无法从容以对。从这个角度来看，我们最应该做的是让自己的内心淡定从容，把握好自己的情绪，始终保持理智。曾经有人说过，愤怒使人的智商瞬间为零。试想，假如我们的智商真的为零了，我们还如何从容面对人生呢？所以，我们必须一直保持清醒理智，才能思维敏捷，妙语如珠。

圆满说话，一定要注重细节

每个人都有追求完美的情结，不管做人做事，人们都想力求尽善尽美。虽然我们的心向着十全十美的目标，但是现实生活总是残酷的，命运也总是捉弄人。所以，我们在追求完美的同时，也必须承受生活的残缺和不完美。当然，哪怕一切都不能随心所愿，我们也还是要竭尽所能地生活。我们要把话说得圆满，把事情做得圆满，就要更加注重细节。唯有把细节做得更细致，才能趋于完满。

虽然人人都觉得自己很会说话，也相信自己能把话说好，但现实情况是，如果在说话之前不过脑子，考虑不够周全，那么就可能会因为一句话导致前功尽弃。所以，虽然说话是我们的日常活动，但是我们也要慎重对待。尤其当面对不同的说话对象，或者交谈过程中出现尴尬的情况时，我们更要把细节考虑周到，把话说得恰到好处，这样才能避免因为说话不周伤害他人的感情，才能让我们与他人的交往更加和谐友好。

常言道，说者无心，听者有意。很多时候，我们无心之中说出来的话，虽然我们自己没有放在心上，他人听到之后却会记在心里，甚至对我们耿耿于怀，因此打击报复我们，导致我们得不偿失，忧患重重。这样的结果，自然是谁都不想看到的。所以，我们一定要谨慎地说话，不要因为言多语失，导致祸从口出，给自己的生活带来麻烦和祸患。首先，我们不要随意评价和判断他人。没有人愿意被他人臧否，每个人做事情都有自己的初衷和出发点，所以我们随意评价他人的后果就是得罪人。其次，我们还要仔细斟酌语言，把每个关键词都在心中多琢磨几遍，这样才能做到万无一失。最后，我们还要注意他人的禁忌。每个人都有自身的伤心事，或者是忌讳的事情，所以我们与他人交流的时候，一定要注意避免谈起别人的伤心事，或者触及他人的痛处。要知道，人与人之间的尊重是相互的，我们唯有尊重他人，才能赢得他人的尊重。这是人际交往的基础。

今年春节，西西全家都回到东北老家，和老人欢聚一堂过春节。西西弟弟一家人也来了，全家围坐在一起吃吃喝喝，热火朝天地聊天，过得非常热闹。后来，西西不知道因为什么事情，和弟媳妇争吵起来。弟媳妇口无遮拦地说："我呀，可不像有些人，到现在还没有个一子半女的，简直失败透顶。"听到弟媳妇的话，西西委屈得直哭。的确，她快四十岁了，还没有自己的孩子。她不是不想要孩子，只是因为身体太弱，导致始终怀不上。有两次好不容易怀上了，却因为胎停育流产了。为此，她一直感到愧对老公，幸亏她的老公非常疼爱他，从不抱怨她。现在遭到弟媳妇这样的羞辱，西西觉得无地自容，她恨死弟媳妇了，再也不愿意和弟媳妇同桌吃饭。

就这样，好好的一个春节，大家都被西西弟媳妇的口无遮拦弄得心情不好。从此之后，西西对于弟弟一家人也越来越疏远，她不想再有人往她的伤口上撒盐。

很多时候，我们可以嘲笑他人很多事情，但绝不能嘲笑他人的生理缺陷。要知道，造物主是不公平的，每个人生而不同，如果只是美丑的区别还好，但是如果涉及生理上的缺陷，则无疑是别人心中无法消除的痛苦。我们与他人交流，切勿抓住他人的缺陷随意攻击，否则我们难免有心思歹毒之嫌，极易招人讨厌。

。我们不管什么时候，都要注重说话的细节，这样才能把话说得尽量完美，才能与他人搞好关系，融洽相处。如果因为一句话不到位，或者说错了，就导致自己失去朋友，无疑是人生之中的莫大遗憾。

拒绝，偶尔也可以化解尴尬

人生之中，每个人都不想遭遇尴尬。遗憾的是，生活却偏偏安排很多尴尬来考验我们。这些尴尬之中的大多数都是不期而至的，需要我们随机应变处理问题；但是其中也不乏有些尴尬是计划内的，是可以预见的。对于可以预见的尴尬，我们可以未雨绸缪，防患于未然，从而成功避免尴尬的发生。举个最简单的例子，你的男朋友在与你分手之后，又认识了新的女孩，并且即将举行婚礼。对于他发出的婚礼请柬，你是接受还是拒绝呢？你当然可以接受，但是你可以找借口推托不去参加婚礼，这样你就能成功化解尴尬，也避免让自己难堪。当然，也有些朋友觉得自己内心强大，能hold住难堪的场合，所以选择迎难而上，知难而进。不得不说，这样的人真的是少数，而且最终的结果也未必能够圆满。所以最保险的方式，就是拒绝参加前男友的婚礼，避免自取其辱。

现实生活中，我们总觉得拒绝他人是很为难的。因为害怕伤害别人的面子，因为害怕破坏与他人的友谊，所以我们不敢拒绝，害怕拒绝。实际上，当我们委曲求全顺从别人时，我们不但会伤害自己，恐怕最终也无法如愿以偿地照顾到他人的面子。因此，假如我们能够预见到将会发生的尴尬，那么切勿放在心上。我们唯有鼓起勇气拒绝，才能成功保全自己和他人之间的友谊，才能避免难堪。

一般情况下，尴尬的情况不一而论，但是有几种情况是一定会很尴尬的。例如，我们不应该和有过节的人见面，因为这是使双方都很尴尬的事情。哪怕彼此已经不再为以前的事情耿耿于怀，也会因为心中存留的疙瘩而无法坦然相对。当然，这并非意味着和别人老死不相往来，而是告诉我们必须借助于时间来愈合感情的创伤。此外，在与他人交流的过程中，我们难免会与他人产生争执，其实，如果在苗头不好的时候及时终止讨论，那么争执也就不会再发生。不得不说，人与人之间有摩擦和纠纷是正常的，因为很多人都是特立独行的，而且有自己独到的见解和看法。因而，我们一定要与他人摆正关系，不要对他人针锋相对。此外，我们还要避免尝试自己不熟悉的事情。要知道，人即使能力再强，也不可能面面俱到，更不可能把每件事情都做到尽善尽美。我们唯有正视自己的缺点和不足，才能博得他人对我们的尊重，并避免因为强制表现自己而自找难堪。总而言之，尴尬并非不可避免，我们必须有自知之明，才能有效远离尴尬，成就自我。

有一次，小马和同学们一起去游乐场玩耍。在此之前，小马从未坐过过山车，而且他因为恐高，发自内心地不敢坐过山车。但是当看到同学们全都勇敢地买票上车，还邀请他一起出发，他不禁犹豫不决："如果我不和同学们一起坐过山车，他们会不会笑话我胆小呢？假如我勇敢地坐了过山车，就不会显得那么另类吧！"思来想去，小马决定不告诉同学们他恐高，而是为了面子要和同学们一起坐过山车。

当电铃响起的那一刻，过山车还没有启动，小马就已经觉得自己的心似乎要从胸膛里跳出来了。而且，他两腿发软，头昏目眩。然而，此时悔之晚矣。虽然过山车只有很短的时间，对于小马而言却如同一个世纪那么漫长。他不停地撕心裂肺地尖叫，恨不得马上跳下过山车死去，也不愿意继续忍受这种折磨。从过山车上下来时，小马面如死灰，已经不能站立了。而且他因为高度紧张，还不停地呕吐，简直出尽了洋相。此时此刻，他很后悔：我明明是为了给自己赚取面子，才打肿脸充胖子要坐过山车，现在却丢尽了人，毫无面子可言，反而成为同学们的笑柄。早知如此，我不如拒绝他们的邀请，也不至于像现在这么被动和难堪。

的确，假如小马正视自己的弱点，坦然拒绝同学们的邀请，那么他就不会那么难堪和尴尬，也不会导致自己这么被动。所谓金无足赤，人无完人，每个人都有自身的弱点和缺陷，根本无须为此觉得羞愧。我们只要摆正心态，不要逞强去做自己不能做的事情，而是把丑话说在前头，拒绝他人对自己的不情之请，那么我们就不会自找难堪。

现实生活中，朋友们，你们可曾有过不懂得拒绝的时刻呢？相信，在你们勉为其难接受他人的不情之请后，你们一定会感到非常懊悔，甚至觉得无地自容。为了避免这种情况的再次出现，从现在开始，朋友们，不要再因为不好意思而不懂得拒绝了。要知道，避免尴尬，只有事先拒绝，等到无法挽回的时候再后悔，就为时已晚了。常言道，看菜吃饭，量体裁衣，我们做人做事一定要根据自己的实力作出选择，千万不要不自量力，或者为了所谓的面子和虚荣心而勉强自己。

不要随意打断他人说话

现实生活中，我们几乎每天都要和他人交流。在交流过程中，我们时而倾听他人讲述，时而也会因为迫不及待地想要表达自己的观点而打断他人说话，毫不礼貌地插话。不得不说，这么做的后果是很糟糕的。要知道，每个人都渴望得到他人的尊重，我们在说话的时候也一定不喜欢被他人随意打断。正所谓己所不欲，勿施于人，我们无论多么心急，都不要随意打断他人说话，更不要肆无忌惮地在他人说话时插嘴，否则他人一定会对我们怒目以视，即便嘴上不责怪我们，心里也会对我们厌烦透顶。这样一来，我们期望的愉快交谈也就不复存在，现场的情况一定会变得更尴尬，我们甚至有可能因此失去朋友，导致损失惨重。

毋庸置疑，每个人的表现欲都很强，在交谈中，这种表现欲会转化为说话的欲望。我们愿意与他人分享自己曾经骄傲和自豪的事例，或者谈谈自己对生活的感受。然而，我们迫不及待，谈话的主动权却掌握在他人手中，这时候我们应该怎么做呢？我们应该做的就是耐住性子，认真倾听他人的讲话，而千万不要随意打断他人说话，肆意抒发自己的情感和感受。否则，非但不会让他人关注我们，反而会使我们失去他人的尊重，导致沟通氛围陷入尴尬之中。要做好这一点，我们必须注意以下几点。首先，我们要学会耐心地倾听，给予他人尊重和真诚。否则，就算我们心急如焚地开始说话，他人也不会认真倾听，一则他们只想着自己还没有完成的表达，二则他们也会因为我们的无礼厌恶和嫌弃我们。其次，哪怕你暂时还没有掌握谈话的主动权，也不要粗暴地抢夺说话的权利。要知道，当一个人兴致勃勃地说话时，被人打断是一种很糟糕的感受。这种情况下，哪怕你所说的话是别人原本愿意听的，别人也很有可能因为情绪受到影响而对你不理不睬，甚至对你发起火来。这样一来，你岂不是陷入更大的尴尬之中了吗？最后，我们哪怕急于表达，并且掌握了发言的主动权，也不要因为冲动导致前言不搭后语。聪明的朋友，总是会稳定心绪，从而把话说得恰到好处。前文我们说过，要想把话说得圆满，必须注重细节，如果我们因为慌张而不顾及细节，甚至因为说话不够周全而伤害他人，那么无疑是得不偿失，事与愿违。

在这次谈判的过程中，小张一心一意想要表现自己，因而在对方代言发言的时候，他刚刚听出漏洞就迫不及待地打断对方代表的发言，进行反驳。他的这种做法，使得对方代表非常恼火，虽然小张说得很有道理，他们却直接表示要终止谈判。对方代表怒气冲冲地说：“我觉得像你这样没有礼貌的人，根本不应该坐在这里承担如此重要的谈判任务。要知道，你代表的是你公司的形象，但是你的做法和行为表现都有损你们公司的形象。”

看到对方代表生气了，谈判负责人马上让小张退出谈判，换了其他人继续谈判。小张在谈判中过于着急，欲速则不达，给公司形象造成了损害，还导致自己无功而返。

假如小张能够沉住气，等到对方代表发完言之后再心平气和地说出自己的想法，那么他就不会这么尴尬和被动，还有可能因为谈判进行得好，而为公司争取到更大利益。人们常说，心急吃不了热豆腐。任何时候，我们都要淡定自如，这样才能把话说好，把事情做好。

不管在什么场合，哪怕作为父母随意打断孩子说话，都是没有礼貌的行为，都是需要反思自己，从而不断改进自己的。人与人之间交往的基础是尊重，任何时候，我们只有尊重他人，才能得到他人的尊重。所以，不要让插嘴成为人际交往中尴尬的源头，这么浅显的道理不但小孩子应该懂得，我们作为成人更应该懂得并且做到。人际关系是很微妙的，如果细节做不好，很有可能导致尴尬情况的发生。在与人交流时，我们一定要认真耐心且细致入微，才能把人际关系处理得恰到好处。

第 10 章

当众讲话侃侃而谈，自信与勇敢为你护航

很多时候，我们害怕的不是客观外界，而是我们虚弱的内心。我们当着众人的面不敢讲话，并非因为众人有多么可怕，而是因为我们的内心缺乏自信与勇敢。我们常常羡慕那些能够当众侃侃而谈的人，其实他们的秘密就是拥有自信与勇敢。朋友们，让我们也扬起人生的风帆，从现在开始在人生的道路上扬帆起航吧！

不要恐惧，勇敢地把话说出来

在日常交际中，有些人尽管看起来天不怕地不怕，侃侃而谈，滔滔不绝，实际上他们内心深处也怀着恐惧。就像很多光鲜亮丽的明星一样，虽然他们已经习惯了大舞台，习惯了被无数的闪光灯闪耀，习惯了舞台下歌迷们的疯狂，但是他们依然心怀恐惧。这是人的本能，是每个人都无法避免的。我们需要做的不是质疑自己为何感到恐惧，而是帮助自己与恐惧结伴而行。当我们可以直面内心的恐惧，我们就不再因为恐惧而退缩。我们虽然依然感受得到恐惧的存在，但是已经能够与恐惧相伴而行，这就是战胜了恐惧，也是突破了我们内心的囚牢，从此，我们将不再畏惧。

现实生活中，有的朋友经常去听讲座。虽然他们对于讲座有很多疑惑之处，也知道必须战胜恐惧才能成就自己，但是他们就是不敢主动提问，向讲座的主讲者提出自己的疑惑。有些同学在课堂上也会有相似的感受，即他们明明心中有困惑，也需要老师给他们答疑解惑，但是他们就是举不起手来。不得不说，恐惧对人的影响的确很深重。一个人要想有好的发展，必须战胜内心的恐惧，勇敢地说出自己想说的话。试想，如果一个人连自己的内心都不敢表白，那么他还有什么能力创造更大的成功呢?

其实，很多人之所以恐惧，就是因为对自己缺乏自信。他们总觉得自己不够优秀，又觉得别人似乎已经窥透了他们的内心，因而更觉得心虚。

实际上，这是我们把自己看得过于重要了。我们总是以自我为中心，但是别人并不会也以我们为中心。我们把所有的注意力都集中在自己身上，别人却不像我们所想的那样对我们倍加关注。实际上，我们只要做好自己就行，并没有那么多人关切和关心我们。

当然，当众说话还是需要多多锻炼的。除非是经常当众讲话的人，否则，作为普通人，我们难免会因为当众说话而感到紧张不安。有过切身经历的人会发现，当我们走到高高在上的讲台上，面对台下那么多双眼睛时，我们会感到莫名其妙的紧张，甚至会瞬间觉得世界离自己很遥远，一切都不那么真实。当然，这样的反应有一部分是因为先天原因，也有一部分是因为后天原因。在日常生活中，我们应该有意识地锻炼自己，诸如当众说话，多多上台发表演讲等，这样我们的当众演讲能力一定会得到突飞猛进的进步。

还有些朋友的情况更加糟糕，他们不但不敢当众说话，甚至对他人说话都很胆怯。不得不说，这已经不是普通的羞怯，而是一种心理上的障碍。很多心理学家都曾研究过人们为什么怯场，结果却并不明朗。美国有位心理学家提出，大多数人怯场，是因为感受到自我形象也许会受到威胁。为此，他们总是过于理性，过于在乎自己，根本无法放开手脚大胆地诉说自己的内心。

当人们感到恐惧的时候，总想躲藏在自己的壳里。这一刻，人们变得如同蜗牛一样一无所有，毫无自信，也不勇敢，只想躲藏起来，避开外界的无数双眼睛。这样一来，人们必然因此错失无数次开口的机会，也失去锻炼和提升的可能。最糟糕的是，人们还会因此淡出他人的视线，根本没有机会展示自己。现代社会，有多少伯乐能够主动去寻找千里马呢？千里马实在太多了，我们必须积极主动地在伯乐面前展示自己，才能最大限度证明自己的实力，才能得到他人的认可，从而获得人生更开阔的舞台。所以，朋友们，从现在开始，我们就要战胜内心的恐惧，唯有如此，我们才能勇敢地迎来更加美好的人生。

充满自信地说话，才能震慑全场

对于任何人而言，要想生活得好，要想在工作中有所成就和突破，都必须充满自信。毋庸置疑，说话也必须充满自信，才能震慑全场。假如一个人在说话的时候非常畏缩和怯懦，而且总是不相信自己，那么别人又怎么会相信他呢？这种情况下，他必然缺乏说服力，不但无法说服他人，更无法拥有强大的气场。

当然，人们在最初与他人交流时，尤其是初次当众说话时，一定会缺乏自信的。实际上，自信的心态完全可以后天养成。我们要在与人说话时不断训练自己，才能更加熟练地说话，才能自信满满，让自己说出去的每句话都铿锵有力，掷地有声。其实，要想自信流露，我们不仅要组织好语言，让我们的语言自信干练，还要练好举手投足。通常情况下，人们之所以缺乏自信，就是因为害怕失败。他们害怕面对失败的沮丧，害怕遭到他人的耻笑，害怕承担失败的风险。其实，人的本性就是趋向于成功，我们应该好好利用这份本能，从而使自己的人生更多几分勇敢，多一些成功的机会。很多人之所以拒绝尝试，就是因为他们输怕了。我们唯有坦然面对自身的缺点，才能最大限度成就自己，实现人生的梦想。

要做到勇敢自信地说话，我们应该做到以下几点。首先，人生之中，只要我们愿意，我们其实有很多机会可以当众说话。只要我们处处留心，我们总能找到机会锻炼自己。我们要像锻炼自己的身体时坚持运动一样，坚持说话，大胆表现自己，从而让自己从笨嘴拙舌变得果敢自信。其次，我们要想象自己非常勇敢，而且很完美。一个人如果总是怀疑自己，那么他做什么事情都无法充满自信。我们唯有想象自己是完美的化身，才能最大限度发挥自身的能力，成就自己。再次，说话要想表现出自信，不但要组织好语言，还要语气坚定不移，绝不退缩。我们可以多多观看那些成功大师的演讲，看看他们是如何气贯如虹，把自信发挥到极致的。刚开始的时候，假如我们还不能自如地演讲，那么我们可以模仿他们的一举一动。随着练习的次数不断增多，相信我们的表现也会越来越纯熟，自信的气质也会更加生动蓬勃。从次，从本质上来说，说话的时候要想表现出自信，我们要做到内心充满自信。人们常说眼睛是心灵的窗口，实际上说话也能表现出我们的自信。我们唯有发自内心相信自己，才能最大限度拥有自信。最后，我们还要向焦虑妥协。很多人因为害怕自己犯错误，内心深处总是充满焦虑，以致无法从容面对自己。其实，自信是来自我们心底的清泉，我们要正视自己的缺点和弱点，这样才能做到不焦虑、不恐惧，有勇气面对生活中发生的一切。

眼看就要到年底了，各个公司都在举行年会，小雅的公司也举行了年会。在年会上，小雅作为优秀销售人员，上台发表了演讲。在演讲台上，她非常激动，说话的时候都能听到自己声音的颤抖。这下子，全公司的人都认识她了，她作为公司销售人员中突出的新秀，得到了大家的一致认可和好评。

年会结束后，聚餐的时候，很多人都特意来认识小雅。面对他人的恭维，小雅只是紧张地说：“哪里，哪里，过奖了，我其实完全是蒙的，并不像大家想得那么优秀。”因为小雅一味地否定，初次认识小雅的人，都对小雅有些失望，觉得小雅很有可能真的是因为偶然才做出了良好的销售业绩。这时，小雅的师傅告诉小雅："小雅，不要这么谦虚。做销售人脉很重要，每个人都想结识比自己能力强的人，以便加强合作。你不妨承认自己的优秀，只要对他人的赞赏表示感谢就行了。这样，大家都知道你，你以后开展业务会更加方便。"师傅的话让小雅恍然大悟，她意识到自己不能再当默默无闻的女孩，而要在公司树立自己的招牌，从而帮助生活和工作。

虽然我们从小就被教育要谦虚，但是现代社会中过于谦虚的人只会默默无闻。现代社会，尤其是现代职场，我们必须学会张扬自己，展示自己，才能最大限度地为自己争取到更多的机会，成就自己。尤其是在公开场合遇到他人奉承自己的时候，我们虽然要谦虚，适当表示感谢，但是也要勇敢成就自己。

如今的社会，是市场经济时代。每个人都要抓住一切机会成就自己，遇到可以公开展示自己的机会时，我们应该努力发挥实力，用好口才吸引他人的注意。很多时候，机会不是从天而降的，伯乐也不会像以前一样四处寻找千里马。我们作为千里马，反而要四处寻找伯乐，这样才能被伯乐发现。所谓酒香也怕巷子深，如果能够更好地自我营销，得到他人的认可和肯定，自然可以节省宝贵的时间，获得更大的成功。

适度紧张，反而会提升说话的感觉

很多时候，我们误以为只有我们自己才会在说话的时候感到紧张，殊不知，很多大名鼎鼎的大人物或者是大明星，也会感到紧张。他们哪怕经常当众说话或者上台表演，也同样会感到紧张，会觉得心中惴惴不安。有些大明星在登台表演的时候，甚至会因为紧张而忘记台词。我们不知道的是，很多大人物公开发表演讲的时候，也需要演讲稿。很多大明星登台唱歌的时候，也需要在手心里写下歌词。所以，面对自己的紧张，我们完全无须过于抗拒。我们唯有接受自己的紧张，与紧张和谐共处，才能提升自己说话的感觉。

当然，我们之中的大多数人都是普通人。我们有可能在刚刚接到当众演讲的请求时，就开始紧张，这种紧张一直延续着，直到演讲结束。一般情况下，我们参加公开活动的时间越长，我们紧张的状态随着时间的延续，也会变得更长久。所以，我们必须学会缓解这样的症状，也要从内心深处认识到，每个人在众目睽睽之下都难免感到紧张不安。实际上，不管身份地位高低，这种情况在每个人身上都有可能发生，所以我们也无须自责。有的时候，适度的紧张对于我们超常发挥反而是有好处的。因为从生理的角度而言，紧张能够促进我们分泌出足够的肾上腺素，从而使我们的讲话变得更从容不迫，达到理想的效果。总而言之，只要紧张不过度，就会提升我们说话的感觉。

通常情况下，讲话者之所以紧张，是因为觉得自己选择的演讲题目不符合听众的预期，担心自己受到听众的抨击和反对。实际上，就算我们对于自己的演讲题目很自信，或者对听众有可能提出的问题胸有成竹，我们也还是会紧张。既然无论我们怎么做紧张都是不可避免的，那么我们就要与紧张和谐共处，从而成功战胜紧张。在非常紧张的情况下，我们也许会感受到很多生理上的不适，但是我们必须竭力掩饰自己，不要把自己的紧张暴露在听众面前。否则，听众就会更多地关注我们的紧张，而忽略我们演讲的内容。所以，我们无论多么紧张，都不能放任自己的紧张，也不能被紧张所征服。记住，在一般情况下，很多人并不能看出我们的紧张，再加上我们有意的掩饰，我们的紧张就会不为人知，我们的讲话依然会非常成功。

古今中外，关于名人说话紧张的事例也不罕见。大名鼎鼎的英国首相丘吉尔当年第一次上台演讲，居然紧张得脸色发白，浑身颤抖，最后被台下的听众们轰了下去。事后，丘吉尔不断提升自己当众演讲的能力，而且成为一名非常优秀的演讲家，但是他依然告诉他人，说他每次演讲都觉得胃部装着一块冰块，感到非常难受。美国第16任总统林肯，也是一到演讲的场合就感到很紧张。作为美国大名鼎鼎的雄辩家，查理斯第一次登台演讲时，两个膝盖因为紧张而不停地颤抖，不停地相互碰撞。可想而知，他紧张到什么程度。但是，后来他成为非常成功的演讲家和雄辩家。名人尚且如此，何况是我们普通人呢？朋友们，你们现在不再因为自己的紧张而感到难堪和尴尬了吧？

沈从文初次走上讲台为学生们讲课时，面对台下黑压压的人，他紧张万分，居然不知道该说些什么，甚至张不开嘴了。过去很长时间，他好不容易才恢复平静，但是心情依然很紧张。他三下五除二，居然把原本准备好的一个小时候的课程，只用了十几分钟就讲完了。看着台下眼巴巴、充满期待看着他的听众，他觉得很尴尬，只好直截了当地在黑板上写道：“我今天第一次当老师，给大家上课，这么多人，我很紧张，很害怕，请大家原谅。”看到他写的，大家爆发出善意的笑声，这才渐渐缓解了沈从文的紧张。随着时间的流逝，沈从文渐渐战胜紧张，才成为知名的大教授，博得了所有人的认可，也成为大名鼎鼎的学者。

能够战胜自己紧张的人，才能在肾上腺素的影响下，发挥自己的说话能力，滔滔不绝，口若悬河。被紧张压制的人，面对听众，往往张口结舌，不知道如何才能战胜紧张，以至变得很被动。然而，无论多么优秀的演讲家或者是教授、学者，都是从紧张到不紧张的。所以，朋友们，哪怕你们现在很紧张，也要多多锻炼，要相信总有一天会战胜紧张，从而成就自己。

一个人即使心中紧张，也要战胜恐惧，绝不退缩。这样一来，突然面对紧张时，我们就能释放心中的压力，从而渐渐消除紧张的情绪，让紧张对我们的讲话起到积极的作用。当然，这一点并不容易做到。我们唯有多多练习，处处用心，把握好微妙的状态，才能达到最完美的状态。

和谐融洽的氛围，更让人乐于表达

对于普通人而言，演讲的场合并非处处可见。现实生活和工作中，我们更多的时候需要与身边的人交流和互动。要想处理好人际关系，要想让自己的生活更顺遂如意，让自己的工作得到他人的主动配合，我们就要与他人实现顺畅的沟通，不要因为与他人存在沟通的阻碍，导致自己处处碰壁。

现实生活中，总有些人不善言辞，甚至很抗拒和他人交流。有些人走在大街上遇到认识但不太熟悉的人，居然装作没看见，就像从来不认识对方一样。不得不说，这样的人是很没礼貌的。当然，他们不讲礼貌只是表象，更深层次的原因是，他们胆小怯懦，不愿意主动与他人沟通。这样的人虽然和自己亲密无间的好友在一起能够谈笑风生，但是对于大众就显得很孤僻。现代社会，这样的人当然是吃不开的。其实，一个人是否愿意敞开心扉与他人交流，一则取决于性格，二则也取决于谈话的氛围。谈话氛围好，人们就愿意敞开心扉尽情交流，谈话氛围不好，人们就会觉得很尴尬，也觉得兴致索然，根本不愿意和对方更多地交流。举个最简单的例子，我们在与亲近的人聊天时，总是越聊越高兴，似乎有说不完的话。但是我们与关系疏远的人聊天时，就会觉得没什么可说的，甚至绞尽脑汁，搜肠刮肚，也想不出能让双方都谈兴浓郁的话题。因此我们说，只有把气氛调节得和谐融洽，交谈才会更加热烈。

营造和谐融洽的氛围，有很多种方法。首先，我们对待他人的态度要热情，因为热情能够调动气氛。要知道，情绪是会感染的。在一个小小的团队里，只要有一个人热情似火，就能调动整个团队的气氛。同样的道理，假如有一个人总是面若冰霜，冷冰冰的，那么就会使气氛仿佛凝固一般，让每个人都很难受。所以，我们必须融化脸上和心底的冰霜，成为整个团队热情的灵魂人物，这样我们的热情就能点燃这个团队。其次，要融洽交谈氛围，我们还要掌握幽默的技巧和能力。人际交往中最高的智慧，就是幽默。幽默不但是人际交往的润滑剂，而且能够帮助人们摆脱尴尬和难堪，让陷入尴尬的情况得以扭转。在日常的交谈中，在无伤大雅的情况下，我们还可以与他人开开玩笑，从而让他人与我们交谈时轻松自如，这种氛围下，交谈自然也事半功倍。总而言之，说话虽然事关重大，我们需要认真对待，但是也不能太僵硬。毕竟日常交谈不是谈判，就算是正式场合的谈判，偶尔幽默一下调节气氛，也是可取的。

作为法国大名鼎鼎的剧作家，贝尔拉非常擅长幽默，由此也不难看出他的风趣和对生活的热情。有一次，贝尔拉去一家很高档的酒店用餐。等到侍者把汤端上来之后，贝尔拉微笑着说：“对不起，我不能喝这汤。”这家酒店服务特别好，听到贝尔拉的话，侍者二话不说把汤端走，很快又新端来一份汤给贝尔拉。不承想，贝尔拉依然说：“对不起，我不能吃这种汤。”侍者接二连三被拒绝，误以为贝尔拉是在故意找茬，因而赶紧喊来餐馆经理。经理不慌不忙地问：“请问，这两款汤在我们酒店都是备受欢迎的，您对它们有什么不满意的地方吗？”贝尔拉笑着说：“我当然知道这两款汤都备受欢迎。但是，我真的不能喝这汤。”经理很困惑：“可以请问您到底是什么原因吗？”贝尔拉忍俊不禁笑着说：“因为侍者没有给我汤勺，我可是一位绅士啊！”听到贝尔拉的回答，侍者和经理都如释重负，情不自禁地笑了起来。

还有一次，贝尔拉乘坐火车外出旅行。他坐在头等车厢里，却拿出香烟来吸，导致一位乘客对他意见很大，甚至还找来列车长。列车长问贝尔拉：“先生，车厢里是不能抽烟的，您为何不听从其他乘客的好心提醒呢？”贝尔拉笑着说：“你还是先不要管我了。据我所知，您应该先检查一下那位乘客的车票。”列车长赶紧去检查那位乘客的车票，那位乘客推三阻四，最终居然拿出了一张二等车票。等列车长走了之后，旁边的乘客问贝尔拉是如何知道那位乘客的车票不是头等票的，贝尔拉笑着说：“这很简单，因为他的口袋是透明的，我看到他的车票和我的是相同颜色。”旁边的乘客哈哈大笑起来，可想而知，他们的旅途必然因为有了贝尔拉的陪伴而变得更加欢乐开怀。

相信每个人都希望拥有像贝尔拉这样机智风趣幽默的朋友。在人与人交往的过程中，假如我们也和贝尔拉一样能够调动自己的幽默细胞，为他人营造和谐融洽的交谈氛围，相信他人一定愿意向我们敞开心扉，愉快地和我们交谈。

哪怕是在隆冬时节，愉快的交谈氛围也使我们如同置身于温暖的春天。不过，现代社会，很多年轻人都个性鲜明，很难与他人和谐相处。其实，当我们友善地对待他人时，我们也会感受到来自他人的温暖。人与人之间的交往是互动的，真心才能换来真心相待。

大胆说话，并非是天生的

生活中，每当我们看到他人在众人面前毫不怯场，大胆地侃侃而谈，我们一定会躲在角落中，恨不得多看对方几眼。的确，这很令人羡慕，我们也会纳闷：为何别人从不怯场呢？究其原因，别人并非不怯场，而是他们在怯场之前经历了无数次锻炼，因而才会变得那么大胆，才会更加坚定勇敢面对人生的挑战。要知道，人们并非天生就具备大胆说话的能力，就像成功不会从天而降一样，任何能力的获得都要靠后天的努力。新生儿从呱呱坠地开始，要学习最基本的生存技能，再到蹒跚学步，牙牙学语，可以说人生就是在不断学习中得到成长的。对于更加高级的人生技能，我们更需要有意识地主动学习，不断练习，才能日渐娴熟。

这个世界上，没有人能够获得一蹴而就的成功，更没有天生的演说家。毫无疑问，被誉为“世纪演说家”的丘吉尔在演讲台上是非常成功的，但是很多人不知道，丘吉尔原本口齿很不清晰，而且说话磕磕巴巴，没有任何人想到他有朝一日会成为演说家。此外，他并非风度翩翩，他身材矮小，声音难听，还从未接受过大学教育，但是这一切都没有阻止他朝着演讲的道路进发。有一次，他在下议院参加演讲，只讲到一半就无法进行下去了，最终被听众们轰下台。然而，他始终对自己满怀信心，更加努力地练习演讲，所以他最终成为大名鼎鼎的演说家，成为举世闻名的雄辩家。自古以来，名人在演讲道路上遭遇挫折的事例并不少见。从丘吉尔的经历中我们不难得知，任何人要想战胜自己内心的怯懦，成为成功的演说家，都必须战胜先天不足，让自己变得越来越大胆，越来越勇敢。

在英国，戏剧家萧伯纳几乎无人不知，无人不晓。萧伯纳不但才华横溢，而且特别善于演讲。他总是能够通过演讲把自己渊博的知识和深刻的思想传递给他人，很多人都喜欢听萧伯纳演讲，但是很少有人知道萧伯纳曾经是个木讷寡言、胆小如鼠的人。

那段时间，萧伯纳刚刚去伦敦。他每次去朋友家做客，都不敢直接敲门而入，而是要怀着紧张的心情在朋友家门口不停地徘徊。有一次，他应邀参加学术辩论会，在会上鼓足了勇气才站起来发言。这是他有生以来第一次当众发言，却遭到了惨重的打击，因为人们都为他失败的演讲喝倒彩，还有很多人不停地嘲笑他。为此，已经小有名气的萧伯纳蒙受了巨大的屈辱。

不过，萧伯纳是不会退缩的。从此之后他有意识地锻炼自己的演讲能力，抓住每一个在公开场合说话的机会，还主动参加了社团辩论赛。他逼着自己据理力争，最终把自己锻炼成一个不管面对多少听众都能口若悬河、慷慨陈词的世界顶级演说家。

朋友们，路要一步一步地走，饭要一口一口地吃。任何时候，我们都不能心急，更不能因为遭遇小小的挫折就轻易放弃。虽然婴儿在很小的时候就会说话，但是作为成人，想要把话说好，还要勇敢地当众说话，这并非一件简单容易的事情。所以，我们要多多激励自己，就像丘吉尔和萧伯纳一样越挫越勇，只有心中有勇气，我们才能做到大胆地张开口，勇敢地说出自己的心声。

现代社会，人人都想拥有好人缘，都想经营好自己的人际关系。但是胆子都是练出来的。我们想要拥有好口才，就必须抓住机会锻炼自己的胆量。曾经有位著名的销售人员，为了培养自己敢于说话的能力，还去大街上随便找人攀谈呢！总而言之，世界上没有一蹴而就的成功，哪怕是小小的成功也需要我们坚持不懈地努力。加油吧，朋友们，胆量其实就把握在我们自己的手里！

第 11 章

对话上级大方得体，恭维有分寸汇报觅时机

现代职场，人际关系的重要性越来越凸显。假如两个人能力不相上下，但是一个语言表达能力好，把人际关系处理和经营得很好，另一个语言表达能力弱，总是一不小心就说错话得罪人，那么一定是前者更受人欢迎。究其原因，现代职场沟通已经成为重中之重，和同事要沟通，和上司要交流，和客户更是要把话说得恰到好处。因此，我们必须非常努力，主动提高自身的语言表达能力，才能在职场上如鱼得水，游刃有余。

与领导共情，体味领导的苦

现代职场，很多朋友都深以和领导打交道为苦，因为他们面对领导的时候总是过于紧张，草木皆兵。实际上，领导也是凡人，也会犯错误，也有七情六欲，所以我们和领导沟通时完全无须过于紧张。要记得，只要我们对领导真诚友善，那么领导也会给予我们同样的对待。

与领导相处，也属于人际交往的一种，所以也符合人际交往的各种原则。当我们与领导相处时，必须多多用心，千万不要只顾着虚伪地拍马溜须，否则领导一定会有感觉的。当然，领导毕竟是领导，虽然人格上与我们是平等的，但是职位上比我们高，所以我们与领导之间的关系还是有些微妙，需要结合实际情况，区别于普通的人际关系，才能与领导相处和谐融洽。

很多职场上的朋友都曾有过这样的体验，即我们平日里总觉得领导高高在上，距离我们非常遥远，甚至有着遥不可及的感觉。但是，当我们某一次与领导近距离接触，与领导之间进行眼神的交流，或者是进行一次敞开心扉的交谈之后，我们与领导的关系突然就取得了突飞猛进的进展，甚至变得非常亲密，或者觉得彼此有了默契。实际上，这是完全可以理解的。大多数人之所以和领导关系疏远，是因为把自己放在领导的对立面，甚至时时刻刻防范着领导；然而在与领导亲密接触和交谈之后，他们情不自禁地和领导之间产生感情的交流，甚至因为知道领导更多的心情，而与领导产生共鸣，也就理解了领导工作的艰难和苦楚，自然能够设身处地为领导着想。如此一来，他们与领导的关系进入良性循环，和领导变得更加合拍，也更加默契，因而也就能够赢得领导的认可和赏识，得到领导的器重。对于职场人士而言，任何时候都不要把自己放在领导的对立面，而要尽量与领导站在同一条战线上，如此才能与领导更好地交流、交往，荣辱与共。

近来，艾米的工作状态越来越不好，曾经优秀的她也开始犯各种错误，有的错误甚至很低级，一看就知道是因为心不在焉导致的。艾米当然也知道自己的退步，因此她始终战战兢兢，生怕领导发现她的小秘密。原来，她最近一直在骑驴找马，她觉得现在的工作薪水太低，所以她想重新找一份工作。然而为了生计，她又不敢直接辞掉现在的这份工作，所以就出现了心不在焉的情况。

这个周末，领导邀请艾米一起吃饭，还告诉艾米要顺便谈点儿事情。艾米很紧张，她猜想也许领导要和她摊牌，让她走人了。为此，她提心吊胆地赴约。出乎她的预料，领导绝口不提任何与她有关的事情，而是向她大诉苦水。领导把自己曾经创业的经历讲给艾米听，还告诉艾米他曾经吃过的苦，走过的弯路。听到领导这么说，艾米不由得渐渐放下心来，觉得领导对她还是很信任的。但是当领导讲起自己当年因为这山望着那山高，最终失去了一份很有前途的工作时，艾米才恍然大悟，原来领导是想点醒她。既然领导没有直接指出她的错误，而是给她留了面子，她也当即领悟领导的良苦用心，因而向领导保证："领导，放心吧，我一定会全力以赴地工作。前段时间我有点儿私事，导致工作受到影响，以后这样的情况绝不会发生了。"就这样，艾米以后再也不处处看领导不顺眼了，而是觉得领导也很辛苦、压力也很大，于是她对待工作踏踏实实，再也不骑驴找马了。

很多时候，领导突然向下属诉苦水，要么是领导想要提拔下属，把下属发展成自己的心腹，要么就是领导想点拨下属某些事情，所以才采取如此亲近且隐晦的方式。在这种情况下，作为下属，如果我们领会到领导的意思，一定不要敬酒不吃吃罚酒，如果不想离开公司，就要像艾米一样马上给予领导积极的回应，这样才能让与领导之间的交流更和谐融洽。

当然，为了让领导对我们更加敞开心扉，我们要尽量理解和体贴领导。要知道，每个人都会有自己的忧愁苦闷，领导也是如此。我们唯有设身处地为领导着想，而且与领导产生共鸣，更加理解和体贴领导，才能让领导更信任我们，更愿意对我们推心置腹。

在不想失业时，还是不要得罪领导

现代职场竞争越来越激烈，随着毕业的大学生越来越多，职场上的人才也日益增多，所以人才市场上总是挨挨挤挤，很多人是找工作，也有很多人是换工作。对于自己觉得还不错的工作，朋友们，最好不要轻易放弃。与其不停地骑驴找马，这山望着那山高，我们不如主动反思自己，从而提升和完善自己。

有很多人之所以想换工作，是因为和领导处不来。难道换一份工作就能遇到自己喜欢的领导了吗？不得不说，这样的概率很低。所谓官大一级压死人，虽然我们从人格的角度而言是与领导平等的，但是在职场上，领导的级别的确比我们高，我们也确实要接受领导的安排，干好工作。人在屋檐下，不得不低头，虽然有时我们并不理解领导为什么要作出那样的安排，但是既然他是领导，我们是下属，我们就要学会接受。很多当过兵的人都知道，在军营，服从上级的指令是军人的天职。当然，职场毕竟不是战场，并不要求下属绝对服从领导的安排，不过，在不理解的情况下执行领导的安排也是有必要的。有些人是职场上的愣头青，性格直爽，桀骜不驯，每天除了工作，还经常顶撞领导。这么做的好处是什么呢？或者被领导开除，或者领导虽然勉强留用，但也只是利用而已，根本不会推荐愣头青升职加薪。

也许有些朋友根本不把自己的顶头上司放在眼里，觉得对方就是个芝麻绿豆大的小官，不值一提。遗憾的是，这么想的人都是职场上的菜鸟，根本不知道职场文化和职场潜规则。人在职场，要想升职加薪，绝对离不开顶头上司的提拔和推荐。所以，聪明的朋友都知道要和顶头上司搞好关系，除非决定辞职走人了，否则千万不能得罪顶头上司和各级领导。

当然，大部分人都不是傻子，他们都是给自己想好退路，决定要另谋高就时，才肆意顶撞领导的。但是这种方式和方法很像自杀式袭击，颇有些悲壮的意味。不过，对于职场上那些有特殊才能，深得领导倚重和仰仗的人而言，他们当然是有资本和领导叫板的。虽然他们对领导肆无忌惮，但是领导就是离不开他们。这种情况下，领导哪怕恨得牙根痒痒，也只能勉强忍着。但是，大多数人都是既无退路，也没有撒手锏，因而还是老老实实对领导毕恭毕敬、遵从领导的安排吧！

一直以来，凌宇对待工作都认真勤恳，从来不敢有丝毫懈怠。然而，最近这段时间，他突然与领导较上劲了。原来，凌宇始终觉得自己应该得到晋升，所以他一直在等待机会。但是，前段时间，他们部门的项目经理离职，经理因为偏袒自己家的亲戚，虽然佯装进行了公开竞聘，但还是把职位预留给亲戚了。为此，凌宇愤愤不平。因为经理的那个亲戚不管是从学历、能力还是资历上，都远远不如他。于是，凌宇对待工作的态度不像以前那么积极了，而且对于经理也毫不尊重。有一次例会上，凌宇找到机会，居然公开质疑竞聘的结果，导致经理很下不来台。

有些老同事劝说凌宇不要意气用事，还告诉凌宇，如果得罪经理日子会更难过。凌宇对此不以为然，他觉得只要自己认真工作，把工作完成好，经理就对他无话可说。然而才刚刚过去一个月，事情的风波还未完全平息呢，凌宇就遭到了经理的打击报复。经理接二连三地安排凌宇出差，这属于凌宇的分内之事，所以凌宇完全无法拒绝。后来，经理还雪藏凌宇，在新的晋升机会面前，他以凌宇血气方刚沉不住气为由，否定了凌宇。半年之后，凌宇被逼无奈，只好辞职了。

原本，凌宇这份工作还是不错的。只是因为晋升不得，心中愤愤不平，他才一时冲动，得罪了经理。虽然他对待工作一如既往，但是权力比他更大的经理想要排挤他还是很容易的。凌宇不听老同事的话，最终吃到了苦头。

人在屋檐下，不得不低头。现代职场层级分明，哪怕我们的顶头上司是个芝麻大的小官，也没有太大的实权，但是如果得罪了他们，他们还是轻而易举地就能制裁我们。即便公然制裁做不到，他们也可以想方设法地给我们“穿小鞋”，或者是在我们理应获得晋升的时候为我们设置障碍。如此一来，我们的职场生涯必然变得非常被动，也很难维持下去。所以，聪明的朋友们，除非你们有撒手锏让领导必须倚靠你们，或者已经为自己找好了退路，否则千万不要顶撞领导。小不忍则乱大谋，不管在什么情况下，这句话都是非常有道理的。

找准时机，才能理所当然拒绝领导

现代职场，心中愤愤不平的人不在少数。他们平日工作上兢兢业业，如同老黄牛一样任劳任怨，每次有了危急的工作都冲锋在前，而且在办公室里是人尽皆知的好好先生，但是他们没有一官半职，薪水也已经好几年没有任何涨幅了。每到年会，他们只能坐在讲台下鼓掌，眼睁睁地看着那些平日里逍遥自在的同事上台领奖。最倒霉的是，他们的工作量还在继续加大，领导总是以“能者多劳”为借口，不停地分派给他们更多的工作，导致他们苦不堪言。这到底是为什么呢?

假如你逐条套在自己的身上，发现自己符合其中的大多项，那么“恭喜”你，你有必要马上停下手中的一切工作，进行深刻的自我反思。最终的结论一定是，你已经成为职场上的滥好人，成为不管同事还是领导都喜欢欺负的对象，也成为只会埋头苦干却根本不知道计较回报，或者对回报求之而不得的无能者。这样的结论当然会使你很沮丧，也会使你感到非常悲哀。毫无疑问，这种现状只有马上结束，你才能开始崭新的人生，才能让此前无用的付出告一段落。出现这种情况的原因，归根结底还是在你自己身上，因为你根本不知道如何拒绝领导，更不敢对领导说“不”。

现实生活和工作中，我们当然知道求人办事是非常难的。但是我们更要知道，拒绝他人的请求，尤其是拒绝那些职位比我们高的领导的请求，更是难上加难。所以，我们必须掌握拒绝的艺术，找准时机再和领导说“不”，而不要直截了当地拒绝领导，使其难堪。此外，我们还要学会拒绝同事、朋友之类的其他人，保护好自己。否则，当我们成为来者不拒的滥好人，就很难成功拒绝他人，也会变得非常被动。

职场上的很多人不是不把领导放在眼里，而是太把领导放在眼里，他们不是不会拒绝，而是害怕拒绝。面对领导的诸多要求，他们或者一味地顺从，或者在终于无法承受的情况下发出微弱的呼声，殊不知，这样一来，领导会因为已经习惯了你的逆来顺受，而不愿意让你改变。所以，我们必须掌握好拒绝的时机。在羽翼未满的时候拒绝领导是很危险的，但是也不要等到领导无所顾忌地使唤我们已经成了习惯再拒绝，否则，一切都会变得更加糟糕。

琳达是经理的秘书，进入公司这几年她始终兢兢业业地工作，如今已经成为经理的左膀右臂，经理不管遇到什么事情都会第一时间想到交给琳达去做，甚至有很多管理工作也让琳达代劳。刚开始时，琳达觉得经理器重自己，因而非常高兴。然而随着时间的流逝，她需要承担的工作越来越多，加班对她而言几乎已经成为家常便饭。对此，琳达觉得很苦恼，眼看着经理还和以前一样把更多的工作给她，她却什么也说不出来。

有一天，琳达加班到晚上十点才下班，她做的一部分是经理的工作，一部分是她自己因为给经理工作而贻误的工作。次日，她因为困倦和疲劳，上班迟到了一分钟，经理却当着所有人的面狠狠地批评了她。琳达觉得委屈极了，中午时，经理临去吃午餐前给了琳达一份报表，让琳达看完并且检查有没有错误。琳达表情严肃地说："对不起，经理，审阅报表是您的工作，我自己还有很多工作没有完成，不能为您分担。很抱歉。"经理如同看着一个外星人一样看着琳达，他简直以为自己听错了。后来，他有些没面子，恼怒地说："哦，是吗？我看你是不想干这个秘书了！"后来，琳达接二连三地拒绝经理，最终经理找了个理由辞退了琳达。

在这个案例中，琳达拒绝经理的时机显然很不合适。几年来，经理已经习惯了琳达的有求必应和任劳任怨，所以他根本无法适应琳达对他的拒绝。也许，换了新秘书后，对于新秘书的拒绝，他反而会接受。这就是惯性的可怕之处。

朋友们，人在职场，面对职场上复杂的人际关系，我们必须很用心，也要处处留意。尤其是和职位比我们高的领导相处，说话轻了起不到作用，说话重了破坏与领导之间的关系，总而言之，很难把握分寸。其实，当领导把一份份重要的工作都交给我们时，他们当然也知道我们不堪重负，但是，为了省心，他们又不愿意把工作交给做不好的人。所谓能者多劳，在职场上已经不是一种主动自发的行为，而是被逼无奈的行为。所以，当我们意识到不好的苗头时，一定要及时制止，不能因为碍于面子而使得习惯成惯例，再也无法改变。

假如害怕伤害领导的面子，我们可以摆事实讲道理，把我们切实存在的困难告诉领导，这样领导自然无法强迫我们继续加班加点，也会因为看到我们确实有困难而对我们更加宽容，理解我们的苦衷。

主动汇报工作，主次分明

现代职场上有很多人都存在一个误区，即觉得把工作做好是最重要的事情，至于是否主动汇报工作，根本无关紧要。事实恰恰相反，有的时候，我们辛苦努力工作一整天，也未必能够得到领导的赏识，但是如果我们在汇报工作时说好一句话，就有可能给领导留下深刻印象，让领导非常认可和赞赏我们。

主动汇报工作，并非拍马溜须，也不是阿谀奉承。要知道，工作不是闷头做事情，而是要与同事更好地合作，也要与上下级搞好关系，唯有如此，我们在职场上才能如鱼得水，付出也才会有所回报。很多人自以为只要把工作做好，领导总有一天会看到我们的成就，认可我们，赏识和提拔我们。实际上，别说稍微有点儿规模的公司都人才济济，就算是在小公司里，如果我们不主动向领导汇报工作，领导也是无法看见我们的付出和努力的。要知道，领导不是伯乐，我们也不是千里马。我们当然要坚持认真工作，但是也要学会在适当的时候汇报工作，从而让领导对我们刮目相看。

很多人从领导那里领了任务之后，只顾一味地埋头苦干。这么做，至少有两点不好。其一，所谓计划不如变化快，很多时候事情随时都在变化，我们不及时汇报，就无法得到领导的反馈，会导致做出很多无用功。其二，领导事情很多，每天日理万机，很难记住分给每个人的任务。在领导不主动来找我们的情况下，我们占用领导短暂的时间汇报工作，领导也好及时了解我们的工作进度，做到心中有数。因而，作为下属，我们一定要主动汇报工作，得到领导的及时指点和纠正。曾经，有位著名的管理学大师说，每一位下属主动汇报工作的次数都不如领导期望的次数多。由此可见，我们主动汇报工作不但不会招致领导厌烦，反而会得到领导的赏识。

汇报工作的时候，我们需要注意几个事项。首先，领导时间宝贵，汇报工作时要提前做好准备，组织好语言，不要语无伦次，啰唆半天也不知道说什么，这样一定会让领导感到厌烦。其次，向领导汇报工作要重点突出，这样才能提高汇报效率。最后，汇报工作的时候，一定要摆正自己的身份，不要越位。要知道，任何领导都不希望下属越俎代庖，这不但使他们感受到威胁，也会使他们对下属心生反感。所以，下属一旦犯了这个忌讳，就会导致事与愿违，也会被领导排斥。

人在职场，我们要把时间和精力都用于提高效率，从而达到自己预期的目的。任何时候，无用功都是不值得感谢的，而且，若总是做吃力不讨好的事情，也会让我们更加失败。所以，我们一定不能一味地埋头苦干，而是要用心汇报工作，这样才会让我们的努力事半功倍。

直截了当和迂回曲折，都是提建议的好方式

领导也是人，而不是神，领导的每个决策也并非都是英明的，也会因为自身的局限和思虑不够周全犯一些错误。在这种情况下，我们作为下属，理所应当为领导提出建议，从而帮助领导规避风险和错误。尽管从本质上来说给领导提建议是好事，但是一旦方式方法不恰当，就会导致事与愿违。所以，我们在给领导提建议之前，要仔细斟酌，从而找到最好的方式，达到最佳的效果。

人人都是很爱面子的，尤其是领导。古人云，人前不教子。意思就是说，当着他人的面，不要教训自己的孩子，这样才能保全孩子的颜面。其实，生活中，很多话都是不能当众说的。在职场上，假如我们发现了领导的错误，那么对于性格直爽的领导，我们可以毫不犹豫、直截了当地给他们指出错误。当然，要在合适的时机和场合。对于性格委婉、心思细腻的领导，我们最好不要直截了当，而应该采取迂回曲折的暗示方法。诸如，古代社会很多臣子给皇帝提建议，都要想方设法。那些直言进谏的大臣，往往会被皇帝一怒之下处死。而唯有迂回曲折的大臣，才能达到预期的目的，既劝谏了皇帝，也保全了自己。

虽然领导不是皇帝，但是在一定的工作范围内，领导就是最高的权威。在给领导提建议时，千万不要当着很多人的面直截了当，否则再宽容

大度的领导也受不了。如果你真的这么做了，那么你非但无法达到预期的目的，还会导致与领导之间关系恶劣、紧张，再也无法成功赢得领导的信任。人在职场，不仅要察言观色，也要殚精竭虑。

小马是公司的新人，才到公司工作一个多月，就遇到新领导上任。俗话说新官上任三把火，这一天，新领导召集全体下属开会，准备公布一些新的规章制度。这次会议上，新领导表现出高姿态："我初来乍到，请大家多多关照。有什么我做得不对的、不好的，欢迎大家多提宝贵意见。"当然，领导这么说了之后，大家并没有说什么，老职员都知道这是领导的谦辞，小马却暗暗想道："领导才刚刚上任，当然不可能有什么错误。以后可就说不定了，新领导肯定会有不足之处的。"

一个月之后的例会上，一切照旧，进展顺利，最后领导又说："我们也已经相处一个月了，不知道大家对我有什么想法、看法或者建议，都可以尽情说出来。"其他同事此时依然默默不语，小马却突然站起来，毫不客气地给领导列举了五六条不足。领导宽容大度，始终面带笑容。但是同事们心中不由得为小马捏了一把汗，想着这个愣头青以后肯定有好受的了。小马发言结束后，领导还很真诚地向小马表示了感谢，并且说自己一定会努力改进。小马心中沾沾自喜，觉得自己一定会成为领导眼前的红人，以后步步高升。然而不出一个月，小马还没有过试用期呢，领导就随便找了个理由，把小马辞退了。

小马给领导提建议当然并没有错，但是对于摸不着脾性的新领导，他的做法未免唐突了。而且，他最大的错误是他还当着所有同事的面毫不客气地指出领导的错误，可想而知，领导必然觉得很丢面子。虽然领导一直强颜欢笑，但是他那是在努力伪装自己，以免给他人留下不好的印象。谁也不想每次开会都有小马这样的愣头青给自己提意见，指出错误，因此小马的命运也就可以理解了。

假如小马能够改变一种方式，在给领导提意见的时候不要那么直接，也不要丝毫不顾及领导的面子，也许结果就会不同。历史上虽然有很多直言进谏的大臣，但是他们之中的大多数都不得善终；现代社会尽管主张言论自由和开放，也还是要讲究方法的。

尤其在给领导提建议的时候，我们最好先肯定领导的做法，然后再委婉提出。说服领导时应采用更周全的解决方式，这样才能既顾全领导的颜面，又能达到很好的说服效果，真正做到一举数得。

忠言不逆耳，领导才更爱听

常言道，伴君如伴虎。在封建社会，皇权最大，那些陪伴在皇帝身边的大臣们，无不胆战心惊，偶尔向皇帝进谏时，他们一旦触怒龙颜，轻则受罚，重则失去性命，可谓提心吊胆。古代，传说天上有龙，又说龙的下颚下方有逆鳞，是不能触碰的，否则就会很疼，导致龙颜大怒。现代社会，我们要想与他人处好关系，也要避免触碰他人的逆鳞。

常言道，良药苦口利于病，忠言逆耳利于行。或许，人们正因为牢记着这句话，所以每当劝谏他人时，总是什么难听说什么。然而，你自己愿意听难听的话吗？当然不。人的本质是趋利避害的。人们都喜欢听肯定和赞美自己的话，而不喜欢听否定和批评自己的话。领导也是人，领导也是如此。所以，人在职场，当我们给领导提建议的时候，哪怕是否定领导，给领导提出尖锐的建议，也要说不逆耳的忠言，这样才能让领导欣然接受我们的劝谏。否则，我们的话刚说完，就把领导得罪了，破坏与领导的关系不说，还违背了初衷，可谓得不偿失。

古时候，邹忌长相英俊，身材八尺多，看上去仪表堂堂，风度翩翩。一天早晨，邹忌穿戴整齐，正在照镜子，正巧妻子就在他的身边，因此他问妻子："和城北徐公相比，我们谁更漂亮？"妻子毫不迟疑地回答："您是齐国的美男子，城北徐公当然比不上您。"邹忌对妻子的话半信半疑，因而又去问小妾："我和城北徐公比，谁更漂亮？"小妾嘴巴上如同抹了蜜一般，说："老爷，您英俊潇洒，城北徐公怎么能与您相比呢？"

次日，有客人来拜访邹忌，邹忌又问："我和徐公比，谁更漂亮？"客人奉承道："当然是您更漂亮。"仅仅隔了一天，徐公来拜访邹忌，邹忌认真观察徐公，觉得徐公非常漂亮，自己的长相根本不足以与徐公相媲美。他为了观察更客观，还通过镜子比较自己和徐公的长相，依然自叹弗如。当天晚上，邹忌在床上辗转反侧，最终领悟到他的妻子、小妾和客人之所以说他更漂亮，都是为了讨好他。

次日，邹忌拜访齐威王，说："和徐公比，我还差得很远。但是，我的妻子偏爱我，我的小妾惧怕我，我的客人有求于我，所以他们都说徐公没有我漂亮。如今大王高高在上，齐国幅员辽阔，所有后宫里的女子都偏爱大王，朝廷上的文武百官都惧怕大王，全国的人都希望得到大王的恩宠。因此，可想而知大王受到了多少蒙蔽。"

邹忌以自己的经历为例，委婉地提醒齐威王，一定要避免被那些想讨好他的人蒙蔽。如果邹忌直接说出这个道理，同时指责齐威王的错误，那么齐威王一定很难接受。不过他非常聪明，他没有直言进谏，而是从自身出发，以自己的经验提醒和警示齐威王。这样一来，即便齐威王心生不悦，也无法迁怒于他。

邹忌还有一个高明之处，就是他在劝谏齐威王之前先夸赞齐威王贵为天子，高高在上，再以齐国幅员辽阔，赞美齐威王治国有方。戴了高帽子的齐威王心花怒放，再听到邹忌委婉的劝谏，自然也就不会生气了，而是心悦诚服，欣然接受。在现代职场上，在向领导进言时，我们也不妨学习邹忌，把忠言说得不逆耳，从而达到更好的效果，也使我们与领导的关系更融洽和谐。

第12章

同事交流和睦友善，低调行事受人喜欢

人在职场，几乎每天都要和同事打交道，因而与同事交流是否顺畅，与同事相处是否和睦，很大程度上决定了我们职业生涯的发展。也许有些朋友会说，我们只要把工作做好，只要圆满完成老板交代的任务即可，和同事的交流沟通都是次要的。其实不然。现代社会各行各业的分工合作都很密切，我们哪怕能力再强，也不可能仅凭一己之力就成英雄。所以，在职场上，我们一定要与同事搞好关系，受到同事的欢迎，如此才能让自己的工作更加顺遂如意。

和同事打招呼，你不得不知的学问

人是群体动物，每个人都要在人群中生活。如果说在农耕时代人们还可以尽量做到自给自足，那么，在现代社会，人与人之间的分工合作越来越密切，想要自给自足，几乎是不可能的。每个人都要依靠与他人通力合作，才能更好地生活。换言之，我们很难仅凭一己之力就过得滋润通透，所以我们必须学会与人相处，与他人相互扶持和依靠。

现实生活中，我们不管和任何人相处，都要从打招呼开始。打招呼看似简单，却是沟通和交流的开始，因而非常重要。在职场上，我们除了周末和节假日外，几乎每天都要与同事见面，因而与同事打好招呼是我们获得好人缘的前提条件。只有把招呼打好了，我们才能与同事融洽相处，和谐沟通，才能与同事之间更加相互理解，从而博得同事的认可和赏识。不过，有的时候，我们虽然热情地与同事打招呼，却被同事冷淡地对待。他们或者对我们点头微笑，或者对我们态度冷淡，为何我们的热情换不来对方的热情呢？我们还会惊讶地发现，有些朋友明明不太善于交际，而且不如我们热情，他们却能够与同事之间搞好关系。其实，其间的奥秘就在于，他们很善于和同事打交道，也能向同事传递他们的真诚友善。

同事关系，既不同于同学关系，也不同于朋友关系，更不同于爱人或者亲人。同事关系既不会特别亲密，又要经常合作，有的时候还有利益的纷争。那么，怎样与同事打招呼才恰到好处呢？以下注意事项，是需要我们多多留心的。

第一，与同事打招呼时，一定要有合适的称呼。同事之间并不同于亲戚之间的按资排辈，有的时候，因为进入公司时间的长短，年纪小的人反而比年纪大的人资历更老。而且，有的时候，上级的年纪也会比下级小。从这些复杂的情况来看，同事之间的称呼很不简单。对于年纪比我们小、进入公司时间也比我们短，且职务没有我们高的同事，我们可以称呼对方“小王”“小李”“小张”等。当然，如果私交比较好，也可以称呼对方名字，不带着姓，这样显得更亲密。对于那些年纪比我们小，进入公司又比我们早或者晚，职务比我们高的同事，我们要恭敬地称呼他们职务，诸如“张经理”“李主任”等。总而言之，在职场上，我们不能单纯以年纪、资历称呼他人，而要更加讲究职务高低。

第二，在称呼同事的时候，我们一定要注意区分时间和场合。此如，我们和某位领导私交很好，也许在私底下和这位领导已经打成一片，不分职务高低，就是纯粹的好哥们儿或好姐们儿，但是在公开的工作场合，我们必须绝对尊重领导，不能不分轻重大小，随意和对方胡闹。否则，不但会影响工作，还会影响私交，导致关系恶化。总而言之，人在职场，我们要注意自己的身份，不能忘乎所以，越俎代庖。

第三，虽然同事的职务有高有低，但是我们绝不能势利眼。毕竟，职务的高低只是代表工作上的不同角色，从人格的角度而言，每个人都是平等的。我们唯有尊重身边的每一个人，才能得到每个人的尊重，才能处理好与每个人的关系，与之和谐相处。在问候其他同事的时候，我们千万不要犯势利的毛病，而要尊重每一个人。哪怕是公司里的清洁工，我们也应该给予对方应有的尊重，这样我们才能真正全方位无死角地拥有好人缘。

很多人都觉得同事之间的关系就是简单的沟通协作。殊不知，同事之间的关系是非常复杂的，对于我们的职业生涯也会产生深远的影响。我们只有用心经营好同事关系，在见到每个同事的时候都能说出对他们最适宜的称呼，才能博得同事的好感和认可，从而更加顺利地开展工作。

同事之间，时而客套完全有必要

很多性格耿直的人在生活中都不喜欢与人客套，他们总觉得自己与所有人都心有灵犀，自己的心意对方也一定会领悟和参透。殊不知，任何人都不是我们肚子里的蛔虫，就连生养我们的父母都未必知道我们的真心真意，更别说别人了。所以，我们完全有必要把我们的真心告诉别人，有的时候，我们还需要对他人说些好听的话以维系感情。

现代职场，同事之间的关系也是非常复杂的。同事关系不是最亲密的，有的时候还要面对各种各样的揣测和琢磨，甚至有利益纠纷，但是同事之间又必须经常合作。因此，与同事搞好关系，对于我们的工作影响深远。在职场上，很多人都存在一个误区，即觉得和同事之间无须客套，只要公事公办即可，也不用用心经营感情，毕竟同事不是朋友，更不是亲密无间的爱人。其实，这种想法完全是错误的。正因为同事之间的关系非常微妙，所以我们对于同事关系才要把握好分寸。虽然同事与我们是工作上的合作关系，但是同事也是人，也有情感的需求，因此在与同事相处的时候我们应该打好感情牌，经常说些联络感情的话，这样更容易增进感情，并能够与同事搞好关系，有利于开展工作。

首先，我们要经常关心同事，把我们对于同事的关心说出来，让同事知道我们对他们的心意。虽然我们与同事每天都在公司里见面，但是工作期间总是忙于工作，很少有时间与同事沟通。所以，在工作的闲暇之余与同事见面时，我们应该积极地与同事沟通，对同事说些关心的话，这样我们才能有效温暖同事的心，拉近与同事之间的关系。若我们工作之余也与同事积极沟通，关心同事的其他事情，那么同事瞬间就会与我们变得亲近起来。

其次，人的本能就是趋利避害，每个人都想听到好听的话，不想听到难听的话。所以，我们在与同事交流时，应该主动向同事送出祝福。比如，逢年过节的时候，或者同事有什么喜事的时候，向同事送出祝福，让其感觉到我们的丝丝温暖。当然，与同事亲密接触也要注意保持适度的距离，不要过于亲近。所谓凡事过犹不及，如果尚未征得同事的同意，或者没有与同事约定好，我们完全可以给同事打个电话或者发个微信，这样既表达了我们的真心实意，也会令同事对我们有一个良好的印象。

最后，凡事都讲究时机。任何时候，我们都要选择恰到好处的时机表达我们的真情实感。在工作中，我们与同事是分工合作的关系，在生活中，我们与同事却未必是朋友。所以，我们与同事的交往不会像与朋友交往那么亲密，那么毫无嫌隙。我们唯有把握合适的尺度，与同事亲密有间，才能真正经营好同事之情，才能让同事成为我们事业上的有力支持，才能与同事相互帮助，共同进步。

现代社会，很多年轻人都不知道如何与人交往。实际上，任何人际交往都要建立在真诚友善的基础上，我们与同事之间的交往同样在这个范畴内。在工作中，很多人一不小心就被同事出卖，总是懊悔不已，也不知道如何才能最大限度赢得同事的尊重和喜爱。我们必须记住的是，同事就是工作上的朋友，很多职场老员工都知道最好不要与同事过多地谈论自己的私事，也尽量避免和同事成为朋友，这是因为，同事对于我们而言，终有一日会有利益上的牵扯，关系不像朋友之间那么纯粹，所以，我们必须与同事适度交往，也要与同事恰到好处地客套，才能与同事保持良好的关系。

谣言止于智者，让谣言止于你

很多职场经验丰富的老员工都知道，办公室里简直是流言蜚语的集散地，总是不停地产生各种矛盾，各种纠纷，各种钩心斗角。人在职场，要想完全置身事外是做不到的。面对身边的是是非非，我们与其听到耳朵里，不如左耳朵进，右耳朵出，只有听完马上就忘记了，我们才不会成为流言蜚语的传递者。

常言道，谣言止于智者，我们要让谣言止于我们，我们就要当智者。人们常说，有人的地方就有江湖，我们要说，有人的地方就有是是非非。办公室是人群密集的场合，是流言的集散地，职场人士在紧张忙碌的工作之余，总是希望说些闲言碎语以减轻自己的压力，从而舒缓自己。殊不知，这样热衷于议论家长里短，早晚会使我们陷入谣言的旋涡中心。尤其是我们饶有兴致地侧耳倾听之后，又马上把谣言散播出去，简直就成了谣言的传播者和推波助澜器。所以，朋友们，人在职场，要想明哲保身，就要管好自己的嘴巴和耳朵，不该听的不听，即使听到了，也要及时消化，避免四处散播；不该说的不说，打死也不说，这样才能让我们避开流言蜚语的旋涡，不至于自命不保。

曾经有个节目对于传播流言的可怕性作了测试。他们让十个人站在一起，排成一排。然后让第一个人和第二个人咬耳朵说话，再让第二个人和第三个人咬耳朵说话。最终，等到一句话传播给第十个人时，第十个人说出的话简直让人啼笑皆非，完全失真，甚至连之前的一点影子都没有了。这还是彼此前后站立咬耳朵说话呢，话的改变就这么大，试想，要是十个人添油加醋地传播一件事情，最终将会如何呢？想一想，就会觉得很可怕。所以，朋友们，千万不要觉得传播流言蜚语不过是无聊时的消遣，很多时候，这样的消遣会让我们伤害他人，甚至使我们变得非常被动，严重的还会导致自己身败名裂。我们只有谨言慎行，才能在职场上有更好的发展，才能避免陷入是非的旋涡，无法自拔。

当然，要想管好自己的耳朵和嘴巴，并非一件容易的事情。我们必须给自己制定规矩，并且严格执行这些规矩，才能避免祸从口出。首先，尽管人们常说谁人背后无人说，谁人背后不说人，我们还是要管好自己，不要在背后议论他人。因为这个世界上没有不透风的墙，无论我们多么小心叮嘱他人不要把我们说的话传播出去，被我们议论的当事人早晚都会知道我们曾经议论过他。假如他听到的是我们的原话还好，假如他听到的是添油加醋的、已经完全失真的话，那么只怕会给我们惹来大麻烦，导致我们非常被动。这个时候，我们后悔也已经晚了，原本说出去的话就像泼出去的水，更何况这些水已经完全泼到他人的心上了。所以，不管多么激动不安，都不要把不负责任的话说出口，否则我们最终一定会因此而后悔。

其次，既然办公室是流言蜚语的旋涡，我们就要学会避开这个旋涡，从而明哲保身。这一点其实是很容易做到的，只要我们控制住自己的好奇心，不在他人聚在一起胡言乱语的时候凑热闹，也不想打听那些小道消息和花边新闻，我们就能够让自己生活在清净的世界里，让我们周围的环境不受污染。我们要想在职场上有大的发展，就要远离是非之地，从而远离是非，保护好自己的清誉。

最后，在别人主动和我们谈论是非的时候，我们要学会控制自己，以敷衍含糊的方式拒绝他人。的确，有的时候，即便我们不主动招惹别人，别人也会主动招惹我们。所以，当他人主动来找我们一起谈论是是非非时，我们最好不要随便发言。当然，说是说非是他人的自由，我们也不可随意指责他人。因此最好的做法就是对他人所说的是非装糊涂，从而敷衍他人，让他人意识到我们的态度。例如，在办公室里，小林对你说小玉穿的衣服很难看，就像是个老大妈，假如你足够明智，你就知道自己不能搭讪，而是要哼哼哈哈把这件事情敷衍过去。这样，你才能置身事外。否则，哪怕你只给一个简单的表情，最后也会被添油加醋，被传得非常严重。

现代社会的职场更加复杂，很多年轻人因为缺乏人际相处的经验，根本不知道如何才能在职场上更好地生存下去。他们总是一不小心就卷入是非之中，不但招人嫉恨，而且因此四处树敌，导致四面楚歌，生活和工作都受到影响。实际上，只要我们处处留心，谨言慎行，并爱惜自己的羽毛，我们就能更好地在职场上立足，也能够拥有美好的前途和远大的未来。

如何接过同事话头，让交流水到渠成

人与人交流的时候，总是一问一答，有来有往。在和同事沟通的时候，我们也要接过同事的话头，才能让交流更加顺畅，水到渠成。当然，顺畅的沟通并非轻而易举就能实现的。我们必须借助于语言的沟通，与同事进行感情交流，培养彼此间的默契，才能让交流更顺畅。我们尤其需要注意的是，言谈举止间不要太强势，因为没有任何人喜欢被他人指挥和控制，更没有人希望被他人命令，所以在表达的时候要尽量避免摩擦，这样才能经营好人际关系，让一切都更加顺畅自然。

在职场上，同事之间的交流和沟通是无法避免的。有很多擅长人际交流的人与同事相处时，总是能够把握好分寸，让交往非常顺利。但是有些人则恰恰相反，他们与同事沟通起来很艰难，只要说话，就会与他人产生摩擦，甚至闹得很不愉快，轻则争吵，重则发生肢体冲突，以致与同事的关系彻底破裂。通常情况下，我们把这样的情况归结为性格不合，其实事情的真相并非如此。很多时候，矛盾和冲突之所以发生，只是因为交流中至少有一方不能成功接过他人的话头，所以招致他人的反感。因此，要想与同事搞好关系，我们就要学会接过同事的话头，不过这也是需要技巧和方法的。

良好的沟通要建立在相互尊重和信任的基础上。人的本性就是趋利避害，就是喜欢听到他人的肯定和赞赏，而不希望自己总是被他人否定，甚至是批判。在这种情况下，我们与同事交流，首先要学会肯定同事，而不能随便否定同事。若我们说话如同连珠炮一样，而提到的都是同事不好的地方，那么同事自然会非常排斥我们。反之，如果我们慷慨地赞美同事，那么同事自然会非常感激我们，也会回报给我们同样的欣赏、赞美和善意。举个最简单的例子，同事们坐在一起开会，有一个同事提出了某项建议，但是你觉得这个建议完全不合理，也不好。此时，你千万不要直截了当地否定对方，而是要先肯定对方建议的可取之处，赞美对方的建议很好，然后再委婉曲折地提出自己的想法，作为对对方建议的补充，这样一来，对方一定不会生气，甚至会因为我们重视他们的建议而对我们非常友好。

其次，在与同事沟通的时候，我们应该努力找出与同事之间的共同点。人与人之间一定有很多相似之处，或者是相似的性格、爱好，或者是相似的经历。这些恰恰有助于我们与同事之间拉近距离，让同事更加亲近我们，并愿意接受我们的意见或者观点，与我们相谈甚欢。当然，这里所说的寻找共同点并非是漫无目的的，而是要针对同事谈论的话题去寻找。诸如同事正在说某个歌星刚刚推出了一首好听的歌，那么你要做的就是也说说你所知道的关于这个歌星的逸闻趣事，这样同事一定会马上对你亲热起来，并且想和你一起探讨关于这个歌星的很多事情。再如，同事对某个项目有着独特的见解，你不要只看到你不同意他的地方，而应找到你的主张和他相似的地方，这样你们才能在热烈讨论之后求同存异，让你们之间的差距最小化。

最后，毕竟这个世界上的每个人都是特立独行的个体，都是有着自己独到的见解和观点的。所以，我们在与同事相处的时候，尤其是当同事之间的观点不同时，不管你是作为当事人，还是作为协调关系的旁观者，都要掌握一个绝技——和稀泥。此外，为了避免冲突的发生，我们还要更加低调谦和。诸如，当同事在总结工作说自己做得不够好时，你千万不要反其道而行，非说自己最近收获多多，表现良好，否则就是在和同事唱对台戏，这样如何能够博得同事的认可和赏识呢？

总而言之，人在职场，不管是因为工作，还是出于私人感情，我们都难免要与同事交流，也时常需要接过同事的话头。为了与同事和平共处，我们必须避免以自己为中心、时时处处都从自己的角度出发，否则，矛盾和纠纷在所难免。我们要变得更聪明更友善，放低姿态，谦逊有礼，这样才能顾及同事的情绪，从而照顾到同事的心理状态。总而言之，我们不要当马大哈，而要处处小心谨慎，也要多多替同事着想，才能让我们与同事的关系更加和谐融洽。

人生处处皆贵人，你要多留心

现代职场已经不适合只会埋头干活的“老黄牛”生存，因为他们只顾着低头拉车，根本不知抬头看路，以致很多时候付出了巨大的努力却毫无收获，甚至更不起眼。以前人们常说酒香不怕巷子深，只要是千里马，总能等到伯乐来赏识。事实情况并非如此，现代职场上人才济济，我们如果一味埋头苦干，往往无法有所收获。虽然人们常说的干得好不如说得好有失偏颇和片面，但是从某个角度而言，这句话说得很有道理。的确，我们埋头工作一整天，还抵不上同事巧妙汇报工作一句话更能够得到老板的认可和赏识。所以，朋友们，结束闷头干活的日子吧，从现在开始我们要处处留心，找到我们生命中的贵人。

现代职场上，很多人都想有所作为，因而不遗余力地努力工作，让自己变得更加出类拔萃，从而可能争取到出人头地的机会。遗憾的是，很多人在坚持付出和努力之后，却发现事与愿违。那些工作上不如他们努力的人，却先于他们得到晋升，甚至如同交了好运一样平步青云，这到底是为什么呢？

现代社会，几乎每个父母都望子成龙，望女成凤。为了让孩子将来拥有更好的生活，他们在孩子很小的时候就逼着孩子努力学习。其实，父母这么做无非是让孩子拥有更高的起点，从而赢在起跑线上。换个思路来想，我们是否也应该让自己的职业生涯赢在起跑线上呢？毋庸置疑，一个人如果站在巨人的肩膀上，那么他就能够超越巨人。反之，假如他始终站在巨人的脚下，那么终其一生，也未必能够达到巨人的肩膀。这就是捷径。当然，也许有些朋友会问，我们没有关系，也走不了后门，更没有有权有势有钱的爹妈，如何能够站到巨人的肩膀上呢？其实，我们有很多机会可以结识生命中的贵人。唯一需要做的是，我们必须多留心，才能把握机会找到我们的贵人，得到他们的倾力相助。无疑，大多数情况下贵人的脑门上是不会写着“贵人”二字的。我们要想找到贵人，就必须在言谈中多多留心，从而找到贵人出现的蛛丝马迹。

要想在言谈中发现对我们有所帮助的贵人，我们就必须处处留心。首先，我们要清楚地意识到自己的需要。每个人对于人生的理解都是不同的，这直接导致每个人的人生目标也各不相同。就像船只在大海上航行必须有确定的航向作为指引一样，我们的人生也需要明确的目标作为指引，这样我们才能事半功倍、勇往直前。现代职场很多年轻人对于自己的未来都缺乏规划，不知道自己人生的方向在哪里，所以他们总是懵懵懂懂，哪怕贵人就在眼前，也不知道努力攀上关系。相反，有着明确人生目标的人，则时时刻刻都在迎接机会的到来。例如，一个人想要成为画家，他在咖啡馆里喝咖啡的时候，如果听到某个朋友说起自己的亲戚是大画家，那么这个人就可以辗转认识那位大画家，从而成功得到画家的指点和提携，让自己在人生的道路上事半功倍，获得成功。

其次，我们在听别人说话时，应该认真仔细，不要漏掉重要的信息。很多人在听别人说话时总是心不在焉，哪怕别人提起对他们有用的信息，他们也无知无觉。其实，有心的人会非常在意别人的话，对于有可能对自己有用的信息，他们更是会认真斟酌，绝不轻易放弃。现代社会有很多企业家都会参加各种各样的总裁培训班，实际上一则是为了提高自己，二则是为了与更多的成功人士交往，从而收集更多的讯息，得到更多的机会。

最后，别人无意之间透露的信息总是有限的，我们要想得到更多的有用信息，就要主动从他人口中探听消息。曾经有心理学家经过研究论证，这个社会就是一张巨大的关系网。在这张关系网中，一个人如果想结交另一个人，只需要经过几个人的介绍，就可以实现心愿。因为在这个世界上没有任何人是孤立存在的，我们就像是这张网上的一个个绳结，只要愿意，我们总能与其他的绳结获得联系。在从他人那里打探消息的时候，我们除了要留心他人的讲述之外，更要留心他人的言谈举止以及非语言传达的信息。当然，对于那些我们高攀不上的人，我们还可以通过结识他们身边的人来与他们更加靠近。例如，曾经享誉上海滩的杜月笙，他最早就是因为结识黄金荣的妻子，才得到了黄金荣的赏识。而且，通过与黄金荣的贴身仆人等人交往，他获得了很多有用的信息，所以最终获得成功。

如今，几乎每个人职场人士都想得到晋升，但是很多人不明白，为何自己这么努力，最终机会却属于那些会要嘴皮子的人。不得不告诫大家的是，现代社会埋头苦干已经不够了，还要能说回道，更要善于把自己展示到贵人面前，赢得贵人的赏识和帮助，从而在职业发展的道路上事半功倍，获得成功。

毕恭毕敬，才能得到他人的帮助

人在职场，即使能力再强，也不可能成为全能手，面面俱到，解决一切为难问题。要想行走于职场，顺利摆脱一次又一次困境，解决一个又一个难题，我们就要学会请求他人帮助。当然，求人帮忙是很难开口的，而且很有可能会被拒绝。所以很多朋友在求人帮助之前，都会犹豫不决，非常踌躇。那么，假如有一种方法，能够让我们顺利得到他人的帮助，那岂不是很好吗？因此，我们必须认真想一想求助于人的好方法，从而让我们的求助不被拒绝，并取得很好的效果。

首先，在向他人寻求帮助的时候，我们一定要放低姿态。现实生活中，总有些过于自信的人，觉得自己是这个世界上能力最强的人，哪怕是求助于人，也像是给了对方莫大的面子一样，因而始终居高临下，趾高气扬。实际上，求助于人虽然不是不光彩的事情，但也不是值得骄傲的事情，我们尤其不应该觉得给他人机会帮助我们是他人的荣耀。我们只有降低姿态，诚恳虚心，才能得到他人积极的回应。

其次，在求助于人时，我们的态度一定要真诚。真诚是人与人之间交往的前提条件，假如我们对人没有诚意，就无法与人更好地交往。在求助于人的时候，我们更无须打肿脸充胖子，明明需要帮助，却还摆出高高在上的样子，不愿意真诚与他人沟通。对于这样虚伪的求助人者，哪怕对方有能力，也不愿意主动帮助。我们只有毕恭毕敬地向他人提出我们的请求，才有可能得到他人真心诚意的帮助。记住，一定不能傲慢无礼，否则你将无法达成自己的心愿。

徐志摩从小就表现出在文字方面的天赋以及对文学的热爱。然而，随着年岁的增长，他渐渐对自己感到不满意，觉得自己停滞不前，急需一位名师指点。后来，他打听到梁子恩在文学方面造诣颇深，因而他很想拜梁子恩为老师，继续学习文学。然而，他没有办法结识梁子恩。

一个偶然的机会，徐志摩得知表舅与梁子恩是同学，因此特意带着礼物去拜访表舅，想让表舅把他引荐给梁子恩。然而，表舅对于文学向来没兴趣，也不愿意支持徐志摩从事文学创作。为此，徐志摩与表舅促膝长谈，向表舅表现了自己想要学习文学的强烈愿望。他的语气那么坚定不移，又因为求之而不得，还带着淡淡的忧伤。当然，他对表舅是非常恭敬的，他很尊敬表舅，也从未强迫表舅一定要帮助他。在他的努力争取下，表舅终于被感动了，答应亲自带着徐志摩去拜访梁子恩。就这样，徐志摩如愿以偿地成为梁子恩的学生，有了恩师的指点，再加上自身的不懈努力，他最终成为伟大的诗人。

表舅之前根本不想帮助徐志摩，但是因为徐志摩态度诚恳，对表舅毕恭毕敬，而且非常耐心地向表舅表达自己对于文学的热爱和伟大的理想，所以才成功说服表舅，最终得以拜梁子恩为师。

任何人都不愿意在命令的驱使下被迫帮助另一个人。所以，在求助于人的时候，我们必须端正心态，摆正态度，足够尊重他人，这样才能达成心愿，得到他人的慷慨相助。当然，为了提高求助的成功率，我们还要在求助时以诚恳的语气告诉对方，他们是唯一能够帮助我们的人。要知道，在足球场上，每个人都想成为主力球员，而不愿意当替补队员。对人施以援手也是如此，每个人都希望被他人看重，而不希望自己在他人心中可有可无。只要我们掌握了求助于人的技巧，我们就能得到他人的帮助。

第13章

与下属交谈言简意赅，为下属解决实际问题

在职场上，领导与下属的职位是不同的，在工作上，领导可以带领下属更好地工作。但是在人格上，领导与下属是平等的关系，领导必须尊重下属，才能在下属之中树立权威，从而与下属更好地配合、工作。在与下属交往的过程中，领导要信守诺言，在领导下属工作的过程中，领导要以身作则。唯有如此，下属才能心甘情愿地服从领导，才能在工作中有更出色的表现。

下达命令，一定要言简意赅

工作中，领导经常需要给下属下达指令。在给下属下达指令时，领导一则要考虑如何发出指令，二则还要考虑下属对于指令的接受程度和贯彻执行情况。从这个意义上来说，领导下达指定是否考虑周全，决定了其与下属配合的程度以及工作的情况。所以，领导在下达指令时，一定要全方位考虑。

现代职场，有很多下属在工作完成得不好时，总是抱怨领导没有把命令说清楚，甚至指责领导根本没说。有的时候，下属工作情况不好，领导表示质疑时，下属也会理直气壮地说领导就是这么安排的。这种情况出现的原因是什么呢？因为，领导与下属的沟通出现了误解。领导自以为已经向下属说清楚自己的命令和要求了，但是下属根本没有听明白，更没有领会到。所以，领导在向下属下达命令时，一则要把命令说清楚，二则要考虑到不同下属的理解能力不同，对于悟性差的下属，更要把命令解释清楚，必要时还要让对方签字确认。

人常常会犯自以为是的毛病，很多领导都自以为下属和他们一样理解能力强，觉悟高。实际上，每个人对于事情的认知、看法和理解能力都是不同的。我们要想做到与每个人都成功地沟通，就必须因人而异，用他们能听懂的话与他们进行交流。现代职场，各个部分之间分工与合作的关系越来越密切，这就决定了各个部门之间、不同层次的上下级之间，在工作期间要不停沟通，如此才能推动各项工作按部就班地顺利进行。

莹莹是一家咖啡店的销售员。近来，她遇到了一个说话不清楚的店长，这让她非常苦恼。原来，这个店长在给莹莹布置工作的时候，总是含糊其词，模棱两可。例如，她总是告诉莹莹，“这个地方不太干净啊！”或者，安排莹莹和另一个员工去盘点库存的咖啡，而不告诉莹莹和另外那个员工的分工。这样，等到她质问莹莹为何没把“这个地方”清扫干净时，莹莹有些丈二和尚摸不着头脑，毕竟店长从未让她打扫。当店长检查他们的盘点情况并且感到不满意时，莹莹也很郁闷，因为她和另外一个员工都很忙，他们互相以为对方会抽出时间来盘点，所以根本不想为耽误盘点的工作而承担责任。如此一来，店长不免非常生气，觉得莹莹没有完成打扫任务，而且和另一个员工互相推诿责任，谁也不愿意主动承担。

其实，店长的问题就在于没有清楚地下达命令。她一则没有明确告知莹莹要打扫卫生；二则在安排两个员工处理某项问题时，并没有给他们明确分工，也没有规定他们在什么时间内完成。这样一来，下属当然无法准确领会店长的意图，因而也就无法按照店长的意思及时完成工作。

为了避免这种情况出现，领导在下达指令的时候，一定要言简意赅，清晰明确。尤其是当指令涉及好几个人的时候，更要分工明确，规定时间以及完成的标准，这样才能做到责任清晰，一旦工作完成情况不好，也能马上找到责任人负责。此外，在下达指令时，领导的态度应该明确，这样下属才能做到对领导的态度心中有数，不至于消极怠工。总而言之，领导下达指令的目的就是让下属竭尽所能地把工作做好，达到要求，所以也要根据下属的情况区分对待，把话说得准确清晰，毋庸置疑。

对于员工隐私，千万不要随意传播

有的时候，为了向领导请假，或者和领导拉近关系，下属会把自己的隐私告诉领导。在这种情况下，领导无形中会知道很多下属的隐私，那么领导首先要做的就是管好自己的嘴巴，千万不要将员工的隐私四处传播。领导只有充分尊重和保护下属的隐私，才能得到下属的尊重和信任，这样下属在以后的工作中才能更加坦然地向领导诉说自己的苦楚。

其实，领导对于下属的隐私，从面试环节就有可能了解。毕竟下属会向领导提交个人简历，在面试过程中，也会在一定程度上透露自己的隐私。有些特殊的单位，还会让下属进行体检，检查身体状况，以了解下属是否患有某种类型的疾病。尤其是在真正展开工作以后，下属更是会在必要的情况下告诉领导自己的隐私。这些都使领导成为单位里知道下属隐私最多的人。不管下属是为了面试，还是为了与领导拉近关系，抑或因向领导寻求帮助而透露隐私，领导都要注意保护下属的隐私。对待下属的隐私，领导就要像保守商业机密一样，严格保密。要知道，一旦领导把下属的隐私透露出去，领导和下属的关系就会急速恶化，导致上下级关系紧张，失去信任，严重的还会使未来的工作无法开展。

要想保护下属的隐私，领导一定要注意以下几点。首先，不要通过他人了解下属的隐私。说白了，就是不要在背后议论他人。如果想要了解某位下属的隐私，领导完全可以直截了当地询问当事人，这样当事人就可以主动作出选择，自己的隐私到底是告诉领导还是不告诉领导。如果通过其他人了解某位下属的隐私，则无异于背后讨论和议论人，说的还是对方私密的事情，很有可能领导没有从他人口中打探到任何消息，反而把自己知道的下属的隐私透露出去了，如此一来，定会导致严重后果。此外，这么做还会影响下属之间的团结，导致下属相互猜忌。因此，聪明的领导绝不会这么做，更不会以这样的方式搬起石头砸自己的脚。

其次，领导一定要做到公私分明，不但在公司里不谈论下属的隐私，在家里也不要谈论下属的隐私。归根结底，这个世界上没有不透风的墙。也许领导的家人和公司的人有联系，那么无意中就会透露某位员工的隐私。此外，现在各个公司都有很多机会开展各种各样的聚会，有的时候是可以携带家属一起参加的。在这种情况下，领导的家人未免会与员工见面，那么一旦员工发现自己的隐私被领导透露给家人，情况就会变得非常尴尬和难堪。

再次，在公开的场合，一定不要透露或者公开谈论下属的隐私。人是感情动物，难免有情绪激动或者冲动的时候。领导也是人，假如在公开场合一不小心透露了下属的隐私，造成的后果必然是严重的。要知道，公开场合鱼龙混杂，不是每个人都能做到守口如瓶。当员工的隐私满天飞时，领导就会失去下属的信任，甚至失去一个优秀的下属，可谓损失惨重。当然，最重要的是领导的信誉会受到影响，这个问题十分严重。

最后，在工作的过程中，领导难免需要给下属分派工作。如果下属不服从领导的安排，那么领导一定要采取正面方法说服下属，而不要以下属的隐私胁迫下属，尤其不要当众以此要挟下属。否则，下属觉得自己受到羞辱，很可能冲动地采取过激的方式捍卫自己的合法权利，最终导致两败俱伤。

有的时候，领导需要向他人透露员工的个人信息，但是，哪怕这么做对员工有好处，领导也不要擅自决定，而应该提前征求员工的意见和态度。除非得到员工本人的许可，否则领导任何时候都不应该擅自提起员工的隐私。

言行得体，领导才能树立威信

很多领导一心一意想要为自己树立权威，最终却遗憾地发现，自己根本没有权威可言。这对于一个管理者而言，当然是十分遗憾的。因为，没有权威，就意味着说话没人听，命令下达下去得不到好的执行，这样一来领导还怎么当呢？根本毫无领导力可言。

其实，不仅是领导，包括普通人在内，每个人说话的方式都是不同的，说话的分量也相差很大。诸如有些人说话很有分量，有些人说话却轻飘飘的。当然，这一则和说话人的身份地位有关，二则和说话人的说话方式有关，诸如说话的语气、声调、措辞等，都是影响说话效果的因素。

要想下属尊重自己的指令，并且具有很强的执行性，那么领导说话就要有权威。唯有增加自己说话的分量，认真斟酌和组织每一句话，让自己说话掷地有声，才能达到令行禁止的效果。

春秋战国时代，商鞅在秦国推行变法，却因为没有权威，导致秦国上上下下无人信服。为此，商鞅决定先树立威信，再推行变法。他命人扛着一根长木，到京城的南门竖立起来。随后，他马上下发告示："谁把长木从南门扛到北门，就可以得到十金的赏赐。"很多人都围着这份告示议论纷纷，但是大家都觉得即使真的把长木从南门扛到北门，也不可能得到这么多的赏赐。为此，围观者虽然很多，但是大家都仅限于围观而已，没有人愿意尝试。长木就这样站在南门整整一天。次日，商鞅把赏金提高了，从十金提高到五十金，这下子人们更不相信商鞅会兑现承诺了。后来，有个游手好闲的人觉得闲着也是闲着，因而轻而易举地把长木从南门扛到北门。出乎所有人的预料，这个人刚刚把长木在北门立好，商鞅就马上命令手下把五十金作为赏金，赐给这个人。得知此事的人们沸腾了，整个京城都传得沸沸扬扬。从此之后，大家对于商鞅说的任何话都很信服，商鞅也得以在秦国顺利推行变法。

原本，大家并不相信商鞅说的话，直到商鞅立木取信，大家才把商鞅说的话当回事。从商鞅身上我们不难明白一个道理，即领导者哪怕之前说话没有权威，只要想办法树立自己的威信，情况就是可以改变的。诸如商鞅，他为了变法临时决定立木取信，效果非常显著，这也的确给他推行变法创造了有利条件。

作为一名优秀的领导者，虽然在现代社会已经不可能像商鞅一样立木取信，但是我们可以采用多种方式帮助自己树立威信，只要能达到好的效果，就是好方法。诸如我们可以承诺完成工作目标给予下属一定的奖励，并且在下属真的完成工作任务后当即兑现承诺，如此一来，其他下属也都会对我们的话信以为真，我们也就树立了威信。当然，这和立木取信是相同的思路。此外，在下达命令的时候，领导还要从多方面注意措辞和语气等，这样也能有效提高权威。首先，下达命令要言简意赅，惜字如金。如果一个领导者讲话的时候总是啰哩啰唆，没完没了，就会使下属对他说的每句话都漠不关心，满不在乎。其次，下达命令未必每次都要表情严肃，还可以恰当使用幽默的语言，这样也便于给下属留下深刻的印象。此外，领导说话还要态度坚定，语气自信。有的时候，遇到轮流上台发言，领导应最后作为压轴出场，因为通常情况下重要人物都是最后才发言的。当然，除了语言上的注意事项外，领导者还要注意自己的形象。形象对一个人至关重要，也会影响一个人给他人留下的印象。例如，领导者的穿着要简单大方，走路时步伐要敏捷、稳重。唯有从各个方面提升自我，领导者才能形成权威，将自己的领导力发挥出来。

批评下属，必须掌握批评的艺术

领导者与下属在人格上是完全平等的，但是，在工作上，由于领导者和下属是上下级的关系，因此，领导者在下属工作上出现失误时，难免要批评下属，为下属指出错误。然而，领导者要注意，金无足赤，人无完人，每个人都有可能犯错误，包括领导者自己在内。所以，领导者在批评下属的时候，要注意掌握方式方法，哪怕面对犯错的下属，批评也必须是善意的。批评的目的是使下属更好地改正错误，假如领导者批评下属时颐指气使，盛气凌人，甚至侮辱下属，那么就会导致与下属之间发生矛盾和冲突，批评非但无法取得预期的效果，还会导致事与愿违，引起下属的抱怨，甚至是反抗。

有些领导长期对某个下属的工作表现不满意，却没有及时解决问题，导致负面情绪在心中不停地积累，最终对这个下属意见很大。这样的情况下，领导再批评下属，很有可能无法坚持就事论事，而是把陈年旧事都搬出来，导致下属怀疑领导批评的动机不是帮助他改正错误，而是对他展开恶意的人身攻击。由此一来，下属与领导的关系自然会不断恶化，以致彼此水火不容，甚至无法再在一起工作。

师范大学毕业后，静静回到家乡，被分配到一家村小工作。这个村小每个年级只有一个班，校长也许是高估了静静，居然把全校最差的一个班级交给静静。这个班级里有64个孩子，但是在学籍名单的只有61个孩子，另外三个每次考试考零分或者几分的孩子被排除在外了，这样可以避免拉低平均分。静静刚刚接手班级，新学年统计人数的工作就开始了。校长问静静报多少人，静静当时完全不懂这其中的门道，说：“不是64个人吗？”就这样，校长给静静报了64个人。这下子，那些清楚情况的老师都为静静捏了一把汗。原来，原本报61个人，去掉3个零分，静静所在的这个班级在全镇同年级二十多个班级中都是倒数第一第二的。这下子再加上3个零分，静静的班级毋庸置疑要垫底了，校长也对此心知肚明，但是没有任何人提醒静静。

第一次全镇统考，静静的班级果然榜上有名，倒数第一。静静觉得很丢脸，这才知道其中的门道。但是在全校老师开会时，校长竟点名批评静静：“静静的班级全镇倒数第一，成绩不是很好，学校决定给予罚款一百的处罚。下次，静静你一定要非常努力，这样才能有所进步，至少不能倒数第一丢人吧。”校长的一番话激怒了原本就很委屈的静静，她当即哭了起来，并大声质问校长：“是我给你们考了个倒数第一，还是你把倒数第一丢给我背着了，你自己心中有数。这是全校最差的班级，你哪个老师也不敢得罪，就把这个破烂班级交给我。你不知道我刚刚毕业，还没有教学经验吗？那么多经验丰富的老教师，你怎么不把这么艰巨的任务交给他们啊？你是信任我吗，还是故意这么对我的？你自己心里清楚！”校长自知理亏，会还没开完，就仓促结束了。

毫无疑问，校长根本不懂得批评的艺术，他原本就心知肚明自己给了刚刚大学毕业的静静一个很差的班级，却在第一次统考成绩不好后，不但当众批评静静，还给了静静处罚，这才火上浇油，让静静大爆发。假如校长能够不回避问题，而是和静静一起承担，对静静以鼓励为主，那么静静心理上就会平衡一些，并且能够主动更加努力地解决问题。由此可见，批评的艺术对于领导工作的展开是影响深远的，对于领导的效果也是至关重要的。

在每一个领导的职业生涯中，都有火冒三丈的时候。有的领导能够成功控制自己的火气，有的领导却总是放任自己肆意批评下属。不同的做法，也导致领导的工作成效截然不同。其实，在批评下属的时候，如果我们能够掌握一些原则，就能让我们的领导工作事半功倍。首先，领导者一定要尊重事实，这样才能在批评下属的时候不偏颇。其次，领导者无论多么生气，都要尊重员工，并且维护员工的自信。除非领导想要开除某个员工，否则就不要肆无忌惮地打击员工。再次，不管批评工作进展如何，都要以良好的结尾作为结束，这样才能让批评达到预期的效果。最后，批评一定不要当众进行，而且要针对某件具体的事情，切勿对犯错的下属展开人身攻击。领导者必须记住，批评的目的是更好地解决问题，而不是使一切变得更加棘手，更不是伤害下属的心，使他们与我们离心离德。总而言之，领导是一门艺术，批评更是一门领导者必须掌握的艺术。在现实工作中，我们要不断摸索，还要针对下属的不同情况区别对待，才能把领导工作全力做好。

一个“不”字，无法拒绝员工加薪请求

领导者掌握着对下属的很多权力，因而难免会被下属请求做一些事情。在现代职场上，每个人在辛苦付出之后，都希望自己的付出有所回报，所以领导者经常需要面对下属的加薪请求。当然，下属请求领导为自己加薪，必然是费了一番心思才说出来的。所以，领导者面对下属的加薪请求，想要拒绝也是很难的。尤其是在下属列出了很多理由来证明自己的优秀和努力时，领导者必须想出妥善的理由拒绝下属，才能有效保护下属的工作热情，圆满解决问题。

当然，面对下属的加薪请求，领导者也不能推脱，毕竟推脱无法解决

问题，唯有合理拒绝，或者在斟酌之后决定满足下属的请求，才能彻底解决问题。当然，领导者并不主管公司的财务，退一步说，就算主管公司的财务，甚至就是公司的领导，也不可能完全答应所有下属的加薪请求。其实大多数公司都有合理的薪酬制度，按部就班地照章办事即可。但是即便如此，对于下属的加薪请求，领导者依然要慎重对待。

假如公司发展状况良好，事业蒸蒸日上，那么在年终时为全体员工集体加薪也是可行的。但是假如公司财务紧张，正在为如何生存而绞尽脑汁，那么加薪就变得很困难。当然，在这种艰难的时刻，保证人员稳定也是重中之中，所以领导必须更好地向下属解释不能加薪的原因，这样才能赢得下属的谅解，从而保持人员稳定。当然，假如领导对拒绝胸有成竹，也可以当机立断拒绝下属，这样才能让下属明确领导的态度，从而作出决断，踏踏实实地工作。实际上，每一位下属在向领导提出加薪请求时，一定是经过深思熟虑的，他们也会事先考虑好两种可能的结果。所以，对于是否加薪的问题，我们完全可以做到正面应对，无须掖着藏着，否则，一旦问题得不到圆满解决，很有可能伤害下属的工作积极性，或者扰乱下属的心。

在拒绝下属加薪请求时，首先，我们应该给予下属合理的解释。这个世界上没有谁跟钱是有仇的，每个下属都觉得自己对工作付出了很多，因而对于薪酬也会有越来越高的预期。当然，领导在明确拒绝下属之前，首先应该听听下属申请加薪的理由，要知道下属也是经过深思熟虑才提出请求的，领导千万不要直截了当地拒绝下属。此外，了解下属请求加薪的理由，领导也能更好地给出拒绝的理由，有效平息下属心中的愤愤不平。

其次，在拒绝下属加薪请求时，要考虑到下属被拒绝后心理上一定会有落差，感情上也有可能受到伤害，所以领导者一定要采取合理的方式拒绝，拒绝时也要富有人情味，以免伤了下属的心。就像普通的拒绝一样，领导也应该找一些合理的借口和理由，这样下属才能避免尴尬。最好的结果是让下属接受拒绝之后反而觉得自己是在为领导分担，能够体谅领导，这样下属心里才会好过一些。例如，领导可以告诉下属最近公司效益不好，所以虽然想给员工们加薪却心有余而力不足，劝说下属耐心等待，与公司共渡难关，等到公司效益好了，加薪指日可待。下属了解领导的苦衷后，也就无话可说。相反，假如领导一听到下属加薪的请求，马上质疑下属平日工作不认真不努力，还给公司造成了严重的损失，那么下属一定会觉得自己根本不被领导认可，留在公司也毫无意义。一样的拒绝，可以采取完全不同的很多种说法，这时候就是展示领导说话艺术的时刻了。

再次，在拒绝给下属加薪的时候，如果想保护下属的工作积极性，还可以换一种方式鼓励下属，诸如给下属很好的培训机会，或者给予下属更大的发展空间，都是可行的。毕竟很多人工作并非单纯为了加薪，他们也会考虑到自己未来的职业发展。

最后，有一点是每一位领导都必须注意的，在拒绝给下属加薪时，除非真的有计划在未来给下属升职，或者是加薪，否则千万不要许诺下属空头支票。众所周知，领导者必须树立权威，做到信守诺言，一旦许下空头支票，让下属对领导者失去信任，那么领导者未来的工作会难度倍增，更是难以开展领导工作。

每一项工作都是有难度的。作为领导者，我们面对的工作对象是人，更需要多花心思研究领导的艺术，这样才能搞定人。面对下属提出的加薪问题，领导者当然愿意让下属拿到高薪，从而更加卖力地工作，但是有的时候事与愿违，实际情况也非常复杂，所以领导者更要思虑周全，面面俱到。

如何让员工在被辞退后平静离开

现代职场，企业和员工之前是双向选择关系，不管哪一方对对方不满意，都可以选择终止雇佣关系，结束合作。很多企业人员流动率高，留人成为一项难题，如何挽留经验丰富的优秀员工，甚至关系到企业的前途和命运。但是对于有些人员稳定的企业而言，因为员工工作的时间已经很久了，所以如何辞退不再符合公司需要的员工，既牵扯到人情，也牵扯到金钱，是一个很为难的问题。有些人用“双刃剑”来形容辞退员工这件事情，的确，这件事情事关重大，有的时候，如果企业辞退员工的方式不合适，还会被员工告上法庭，甚至承担巨额赔偿。而且，辞退员工的事情如果处理不好，也会让在职员工唇亡齿寒，人人自危，影响深远。因此，现在有专门为人辞退员工的公司，来帮助用人单位解决辞退员工的棘手问题，他们不但负责和员工谈判赔偿问题，帮助企业控制成本支出，也会帮助员工梳理情绪，从而做到心平气和地离开用人单位。这样圆满地解决问题，当然对于双方都是很好的。

不过，雇用他人帮助辞退员工，自然又多了一笔开销。所以，在问题不是很棘手的情况下，大多数用人单位都把辞退员工的工作交给直接的领导去做，这主要是因为直接领导比较了解自己的下属，也更容易做通下属的思想工作，能够有效避免矛盾的发生。

在辞退员工的时候需要注意，首先，态度要明确。很多领导在辞退员工的时候，说话过于委婉和含糊其辞，让员工无法明确他们的意思。虽然辞退员工不能过于生硬，但是说话一定要表达清楚意思。假如兜兜绕绕半天却没有说明白意思，岂不是更加尴尬吗？所以，虽然辞退员工时在表达方式上要注意，要照顾员工的面子，但是态度必须明确，必须言简意赅地说明情况，传达公司辞退的决定。这样一来，员工才能准确理解意思，也不会再存有非分之想。

其次，宣布辞退员工的消息，一定要把握合适的时机。如果在员工情绪激动的时候说，不但会引发不愉快，甚至会导致冲突。所以要把握好合适的时机，让员工对于公司的决定无话可说，只能接受。例如，告诉员工企业正在面临困境，不得已才要裁员；或者在员工绩效考核不能达标时，适时提出辞退，这都是情有可原的，员工也能接受。

再次，辞退员工的谈话时长要合理，所谓言多必失，祸从口出。假如把辞退员工的谈话拖延太长时间，很有可能就会因为说了太多的话而让员工心中产生波动，反而容易发生矛盾和纠纷。还要注意的是，不要试图安慰员工。现代职场就是如此残酷，每个人都有可能面临被辞退的遭遇，重要的是提升和完善自己，再寻找新的工作机会，一味地安慰员工，是不可能解决问题的。

最后，在向员工陈述辞退理由的时候，最好不要指责员工。哪怕辞退的原因是因为员工不符合公司的用人要求，或者是因为员工不够优秀，也不要直截了当地说出来，因为这会刺激员工的情绪，导致爆发冲突。把原因归结于公司，是最好的做法，且能够平复员工的心情，使事情得以圆满解决。

总而言之，对于那些优秀的员工，公司当然是欢迎的，也愿意想方设法地留住他们努力工作。但是对于那些不够优秀的员工，如何让他们体面地离开公司，也是领导必须面对的问题。唯有处理好这个问题，才能避免冲突和矛盾，才能让企业更加平稳有序。作为领导，我们要保证做到以上几点，才能有效避免因为辞退员工引发的冲突，从而争取圆满解决辞退问题。

第 14 章

面对客户投其所好，量体裁衣抓住销售时机

人在职场，尤其是从事销售工作的人，几乎每天都要和客户打交道。能否搞定客户，能否与客户之间建立良好的关系，往往关系到销售人员薪资水平的高低，也决定其职业发展生涯的去路。在市场经济时代，把顾客当成上帝，想顾客之所想，急顾客之所急，把顾客的要求放在第一位，这才是销售人员服务顾客的理念和原则。在与顾客进行交流的过程中，我们更要把这种理念传递给顾客，从而让顾客信任我们，理解我们，也愿意把重要的事情托付给我们。做到这一点，销售人员才能把工作做好，赢得良好的销售业绩和良好的职业发展前景。

说客户感兴趣的话题，成功吸引客户

销售工作，从本质上来说，首先要把自己推销给客户，然后才能得到客户的认可和肯定，从而顺利开展销售工作。那么，我们如何才能成功打动客户的心，让客户接纳我们呢？人与人之间的交流，离不开语言作为媒介。我们要想说服客户，首先要与客户展开交流。面对陌生的客户、戒备心理很强的客户、排斥和抗拒我们的客户，我们如何才能成功打开他们的心扉，顺利与他们展开交谈呢？秘诀就在于投其所好。每个人对于自己感兴趣的话题，都会乐此不疲，客户也是如此。我们要想在最短的时间内与客户套近乎，让客户认可我们，就要从客户的兴趣爱好出发，与他们顺利攀谈起来。愉快的交谈，能够顺利拉近人与人之间的距离。

当然，作为销售人员，我们每天都要面对不同的客户。我们必须抓住不同客户的兴趣爱好，因人而异，对他们展开积极的营销。细心的人会发现，一个人如果能把销售工作做好，那么他在人际关系方面也必然如鱼得水，这是因为他很善于抓住不同人的心理，从而投其所好。

作为一家保险公司的推销员，亨利总是公司里销售业绩第一名。他是如何做到这一点的呢？我们只要看看亨利是如何成功说服客户的，就知道他为何总是这么优秀了。

前段时间，亨利一直在跟进一个大客户。这个客户是个成功的企业家，他不但要为自己和家人买保险，还想为企业的员工上简单的商业保险。这样一个大客户，亨利当然不愿意错过，因此他始终在跟进，不管多么难，也从未放弃过。偏偏这个企业家很排斥保险推销员，每次亨利去拜访他，他都对亨利态度冷淡。他还会直截了当地拒绝亨利："我不考虑上门推销，谢谢！请您离开！"起初，亨利先生总是尴尬地离开。后来，亨利从各个渠道了解到这位企业家非常擅长演讲，每次给公司员工开会，他的演讲都精彩绝伦。为此，再次去拜访这位企业家时，不等企业家拒绝，亨利就先发制人："尊敬的总裁先生，我这次不是来向您推销保险的，而是来向您求教的。"听到亨利的开场白，总裁先生有些纳闷地看着亨利，不知道亨利有什么事情要向自己求教。

亨利抓住机会，接着说："我在数次拜访您的时候，曾经听到您的员工说您的演讲非常精彩，他们都觉得'听您一席话，胜读十年书'。和其他公司不愿意开会的员工不同，他们最喜欢开会，最喜欢听您讲话。我最近恰恰要当众演讲一次。您知道，我作为这个片区业绩最优秀的保险代理人，要参加美国的保险业大会，而且要发表获奖感言。我从未经历过那样的场合，我可不想丢人。但是我知道您经常当着几万员工的面发表演讲，还博得了他们的一致好评，所以我真的只能向您请教。我的身边从未有过像您一样的人。"听到亨利的一番告白，总裁先生的脸上不由得泛出笑容。可想而知，亨利最终不但成功从总裁先生那里取得真经，还彻底征服了总裁先生这个大客户，成功签约保险业务。

亨利的一番话非常有水平，他不但投其所好，提到了总裁先生引以为傲的当众演讲，还把总裁先生好好恭维了一番，难怪总裁先生会马上对他改变态度，让他成功营销呢！亨利非常聪明，他得知总裁先生不喜欢被强行推销，就来拜总裁先生为师，希望得到总裁先生的指点。这恰恰迎合了每个人都好为人师的心理特点，因此他的营销工作大功告成。

通常情况下，人们对于上门推销都是很反感的，因为这不是他们主动作出的选择，且使他们很被动。假如我们在上门推销进入主题之前，能够先说些客户感兴趣的话，或者恭维客户，赞美他们显而易见的优点，那么客户对我们的戒备心理就会放松，态度也会缓和。最重要的就在于说出让客户感兴趣的话题，这样才能第一时间打动客户的心。

巧妙向客户提问，成功说服客户

在推销的过程中，我们经常会遇到不愿意配合的客户，他们甚至直截了当地拒绝我们，对我们表示抗拒和抵触。在这种情况下，我们最好的方式就是通过巧妙的提问，引导客户作出自我否定的判断，从而让客户意识到我们的推销并不惹人讨厌，甚至有利于他们的生活和工作。这样一来，客户自然会接纳我们，我们的推销工作也就水到渠成了。

不过，在实际操作以提问引起客户关注、说服客户的过程中，我们需要注意，首先要提出能够引起客户注意的问题。很多推销员与客户刚刚见面就开始推销产品，这样做会导致客户甚至根本不愿意听我们更多的阐述，就直截了当地回绝我们，甚至把我们赶出门去。这样一来，我们自然没有机会更深入地推销。聪明的推销员会首先提出能够引起客户兴趣的问题，让沟通有一个良好的开端，接下来才有机会进行更深一步的推销。其次，我们的提问并非漫无目的的，我们要想反驳客户对我们的抗拒，就要借助提问了解更多有用的信息。所谓知己知彼，百战不殆。我们唯有深入了解客户，才能有针对性地解决客户的疑问，打消客户的疑虑，使推销更进一步。最后，我们还可以利用提问了解客户的需求，从而有的放矢地介绍我们的产品。现代社会讲究效率，时间就是机会，有些好机会转瞬即逝，我们唯有把握好机会，才能最大限度获得成功。此外，在介绍完产品之后，一定要询问客户的意见和态度，这样能让客户觉得自己参与了过程，变得更加积极主动，不再排斥我们了。

有一家运输公司主要向外提供运输服务，为了提高效率，他们的运输车全部是大型卡车。近来，有家建筑公司马上要开工，需要运输车。所以，这家运输公司马上派出代表李楠主动拜访建筑公司，洽谈运输业务。

刚刚见面，建筑公司负责人得知运输公司都是大型卡车，因而当即回绝："不好意思，我们的建材只需要用中型卡车就行，用大型卡车有些浪费了。"如果是经验不多的人，听到对方这么说，一定会打道回府，因为公司是不可能为了这一单业务再购买中型卡车的，而且时间上也来不及。不承想，李楠继续问："请问您主要运输什么材料？"对方回答："普通的建筑材料。"李楠继续问："那么，请问贵公司不想使用大型卡车，主要是出于什么考虑呢？"对方回答："觉得用大型卡车有些大材小用了，浪费。而且，大型卡车进工地的话，可能没有中型卡车灵活。"这时，李楠如释重负，赶紧解释："首先，我可以向您保证我们的大型卡车非常灵活，只要重型卡车能过的地方，我们也能过，也能顺利到达。此外，您说的成本问题更是不存在。诸如二十吨材料，您用中型卡车大概需要一天三趟，我们大型卡车一天一趟。这样不但提高了效率，就算大型卡车比中型卡车油耗大，但是三趟和一趟相比，也是很费油的。"就这样，李楠有的放矢，成功打消了建筑公司的疑虑，成功签下了这笔订单。

李楠正是通过向客户提问的方式，才知道客户到底为什么犹豫纠结，才能够有的放矢，成功为客户答疑解惑。当然，这与李楠绝不轻易放弃、不屈不挠的精神也是分不开的。销售人员一定要有韧性，而且，在与客户沟通的时候，要沟通到位，这样才能了解客户的心思，帮助客户成功解决难题，从而博得客户的认可和肯定。

机智应对客户，主导与客户的交流

在人际交流中，一定有人会占据主导位置，从而主宰谈话，达到自己预期的目的。作为推销员，在与客户交流的过程中，如果我们始终被客户牵着鼻子走，是很难成功推销的。正确的做法是，销售人员要成为交流的主导，这样才能成功对客户展开推销。当然，不可否认，有些客户是非常犀利的。他们会对推销员提出各种尖锐的问题，甚至让推销员无言以对。这种情况下，推销员要机智灵活，根据现实的情况及时作出应对。如果实在无法回答客户的问题，也可以转移话题，或者拖延回答，更可以含糊其词搪塞过去，总而言之，就是不能哑口无言，否则在推销工作中就会非常被动。

向客户推销的过程，实际上就是与客户谈判的过程。我们不但要善于向客户介绍产品，更要机智灵活，巧妙回答客户提出的问题。既然是谈判，就会有各种巧妙的心思，客户为了争取自己的利益，当然也会绞尽脑汁抢占先机。在这种情况下，我们针对客户提出的尖锐问题，必须慎重回答。否则，一句话说错，也许就会导致局面完全扭转。

一直以来，张骞作为公司的首席谈判代表，谈下了很多重要的案子。他其实有一个撒手锏，那就是他每次谈判时都会抢先故意刁难对方，给对方一个下马威，导致对方不得不在后续的谈判中气势低他一等。

这次张骞谈判的对象是一个合作伙伴，对方也派出了一个经验丰富的谈判高手。这个谈判高手叫黎明，早在和张骞见面之前，他就听说过张骞的大名，因而也作好了与张骞过招的充分准备。果不其然，刚刚见面，张骞就先发制人："黎明先生，听说您是机械方面的行家，我这里有个难题想向您请教一下。"黎明面色淡然地拿起张骞递过来的几页纸，简单看了看。然而，他笑着问张骞："听说您也是机械行业的专家？"听到黎明的恭维，张骞得意忘形，连连点头，黎明又说："既然如此，您当然也能够回答这个难题的吧？就没有必要再来考验我了，因为我对你是自叹弗如。"

张骞见黎明把问题踢给他了，不由得瞠目结舌，一时之间不知道如何应答。因为这可是他绞尽脑汁找出来的行业难题，迄今无解。这时，黎明又说："您听说过《皇帝的新装》这个故事吗？"张骞不知道黎明的葫芦里卖的是什么药，只好点了点头。黎明接着说："我觉得您很有必须学习下故事里的小孩，能够诚实一些。您给我的难题是行业至今无解的，我相信您也解答不出来。这样故意刁难未来的合作伙伴，可不是合作的好态度啊！"黎明的话让张骞哑口无言，他面红耳赤地收起那道难题，开始与黎明谈判。因为内心有愧，他根本无法再正视黎明，原本他想挫一挫黎明的锐气，没想到却被黎明狠狠地将了一军。

张骞未免有些自作聪明，他的这些小伎俩对于职场新人或者不熟悉谈判的人也许有用，但是，对于谈判高手他依然故技重施，无异于班门弄斧，自取其辱。他如果能有所收敛，不肆无忌惮地刁难黎明，而是按照正常的程序与黎明展开谈判，也许结果会更好。不得不说，在这个案例中，经验丰富、胸怀坦荡的黎明在张骞的阴谋诡计前打了个漂亮的翻身仗。

在谈判过程中，尤其是事关重大的商业谈判，我们必须非常小心谨慎，不能轻易地把话说出口。尤其是在回答对方的问题时，如果是正常问题还好，只需要坦诚回答即可，但是如果遇到对方的故意刁难，我们就要发起反击，抢回主动权。当然，我们要注意，对于那些难以回答的问题不要轻易回答，可以把难题踢给对方，也可以含糊其辞，避免让对方抓住漏洞，这些都是很好的选择。当然，如果一时之间实在想不到好的回答，也可以不卑不亢地表示拒绝，有勇气拒绝和承认自己不知道答案，也是一种很好的选择。总而言之，我们一定要审时度势，随机应变。

备好高帽子，随时给客户一顶

从本性的角度出发，每个人都想得到他人的赞美，而不想被他人否定和批评。所以，在面对客户的时候，聪明的销售员总是准备好很多顶高帽子，在恰到好处的时候给客户戴上一顶，使自己客户的交流更加和谐顺畅，事半功倍。

所谓高帽子，只是一种形象的说法，寓意为给他人戴上高帽子以后，他人就会高人一等，沾沾自喜。实际上，高帽子就是赞美客户。真诚的赞美，会让客户立刻对我们产生好感，如此一来，我们的推销工作自然也会进展顺利。虽然很多人标榜自己不喜欢被阿谀奉承，然而只要我们的赞美足够真诚，真心实意，没有人不愿意听到。而且，对于认同和赞美自己的人，人们通常会表示衷心的赞许，也会给予同样的认同回报对方。由此，我们与他人的关系自然会亲近起来，也就能够顺利开展推销工作了。

古时候，有个年轻人才华横溢，因而被调到京城当官。临行前，他去感谢并且告别恩师。恩师问他：“京城居大不易，官场上更是关系复杂，你准备如何立足呢？”学生得意扬扬地说：“放心吧，老师，人人都喜欢戴高帽，我已经准备好了一百顶高帽子，就不相信搞不定那些人。”听到学生这么说，老师情不自禁地皱起眉头：“我一直以来都教你要老实本分地做人，不要屈从于那些歪门邪道。你现在还没有到京城呢，心思居然就已经歪了。”学生看到老师生气了，马上表态：“老师，弟子谨记您的每句教诲。不过现在像老师这样刚直不阿的人已经越来越少了，可以说简直举世无双。所以您放心吧，我虽然准备了高帽子，但是也不会轻易送出去的，我当然要像老师一样凭借自己的真才实学扬名天下。”听完学生的话，老师笑得合不拢嘴，连声说：“这才是我的好学生啊，这才是我的好学生啊！”就这样，学生告别老师，刚刚走出门就自言自语道：“得了，我这还没到京城呢，高帽子就已经送出去一顶了，我看我还得再准备一些高帽子才够用呢！”

虽然很多人都不喜欢阿谀奉承的人，但是就像案例里的那个老师一样，明明弟子已经把高帽子给他戴上了，他却浑然不知，反而沾沾自喜。由此可见，每个人都是喜欢他人给自己戴高帽子的，我们要想与他人搞好关系，适度赞美对方总是不会招人讨厌的。当然，赞美也要适度，只有恰到好处的赞美，才能达到预期的效果。

赞美他人时，也是有一些注意事项的。第一，赞美要适度，凡事过犹不及，过度的赞美就是拍马溜须，自然招人厌弃。第二，赞美要真心诚意。很多人在赞美他人的时候完全不是出于真心，而是非常虚伪。要知道，别人并不傻，也是能够感觉到我们的赞美是否真诚的。第三，赞美要详细具体，不能空泛。具体的赞美才是用心的，假如我们能赞美他人不明显的优点，那么我们的赞美就更能打动人心。第四，有的时候，背后赞美比当面赞美效果更好，必要的时候不如背后赞美他人，这样他人会对我们更加信服。常言道，良言一句三冬暖，恶语伤人六月寒。我们唯有学会恰到好处地赞美他人，才能与他人形成良好的关系。哪怕面对陌生的客户，适宜的赞美也能让我们与客户的关系变得亲近，有利于工作的展开。

说好开场白，给客户留下好印象

很多销售人员都曾有过陌生拜访的经历，不得不说，那不是让人愉快的经历，尤其是当我们进行陌生拜访被无情拒绝之后，甚至会因此形成心理阴影。其实，销售人员被拒绝是正常的，尤其是在拜访陌生客户的时候，更是十家的门有九家敲不开，即使勉强敲开一家，主人也是言语冷淡，拒人于千里之外。因此，要想成为一名合格的销售人员，必须具有强大的心理抗压力，也要有坚韧不拔、越挫越勇的勇气。正如一首歌里唱的，没有人能随随便便成功，对于销售人员来说，更要历经辛苦，饱经磨难，才能不断成长。

当然，销售工作是和人打交道的工作，不能仅凭蛮力，而要有一定的技巧和策略。尤其是与陌生客户搭讪时，要想马到成功，顺利与客户展开交谈，更是要说好开场白，这样才能成功打开客户的心扉，与客户进行顺畅沟通。失败的开场白会让客户更加讨厌和排斥我们，而成功的开场白则会让客户对我们产生好印象，也能像磁铁一样牢牢吸引客户的注意力，还能为我们与客户的沟通铺垫基础，营造和谐友好的气氛。由此可见，好的开场白至关重要，必须引起我们足够的重视。

一天，小李去一个社区挨家挨户进行陌生拜访。毫无疑问，她接二连三地被人拒之门外，为此她灵机一动，来到小区里的广场上。这里不但聚集着很多孩子，还有很多年轻的妈妈和老年人。这恰恰给小李推销化妆品提供了便利条件。小李拎着一箱子化妆品摆在小区里的石桌上。不等她开展工作，一个看起来比较爱说话的大姐就走了过来。不过，这个大姐的脸上带着嫌弃的神色，质疑小李："你肯定是化妆品推销员吧，我们小区里总是来推销员，天天烦死人了。"小李没有知难而退，也没有因为大姐的话变得沮丧，她暗暗告诉自己：能主动搭讪，能开口就好。

想到这里，小李笑着说："是的，大姐，我是推销化妆品的。不过，我同时兼着一份重要的工作，那就是作市场调研。大姐，您的皮肤看起来特别好，不但白皙，而且毛孔细腻，我觉得您就是我要找的护肤方面的权威专家。您可以告诉我您平时用什么化妆品吗？"小李这几句恭维话说完，大姐马上满脸堆笑，她心里已经乐开了花，却装作谦虚的样子说："哪里哪里，我的皮肤也就一般。我平时用玉兰油比较多。"小李抓住时机，马上开始推销自己的化妆品："玉兰油是老品牌了，产品质量很好。不过，我建议您可以尝试下我们这个新品，我们的产品虽然知名度没有玉兰油高，但是质量也是非常好的，而且价格比玉兰油也便宜了很多。我可以赠送您小样试用，如果您使用后觉得效果不错，再联系我。"说着，小李还递上了自己的名片。随着与大姐的攀谈，又有好几个女性围到小李身边，小李兴致勃勃地开始推销产品，心里也感谢这个大姐帮她打开了局面。随着小李详细的讲解和帮助试用，居然有好几位女性当即购买了产品。这次推销，小李觉得自己收获很多。

小李这次推销之所以大获成功，就是因为她精彩的开场白。她并没有因为大姐的挖苦而放弃推销，而是非常努力，把话说得恰到好处，从而说得大姐心花怒放。推销者从来不怕他人围观，小李也借此机会赢得了更多的围观者，所以她的推销工作才会更加成功。

对于推销工作而言，好的开场白就相当于成功的一半。在推销过程中，推销员既可以像小李一样先赞美客户，从而博得客户好感，也可以先按部就班地介绍产品，不过要注意必须引起客户的关注和兴趣。众所周知，第一印象在人际交往中起着重要的作用，我们也要说，推销的开场白对推销工作起决定性的作用。唯有端正态度，慎重对待推销工作，我们才能最大限度发挥自己的推销能力，最终获得成功。

家常话题，反而让客户放松警惕

推销员如果在与客户接触的第一分钟就开始喋喋不休地推销产品，那么一定会惹人生厌。试想，如果你连自己都还没有推销出去，也没有给予客户足够的关注，客户怎么可能心甘情愿地认真倾听你的推销呢？所以，那些资深推销员，他们的推销工作往往不是从推销开始，而是从与客户拉家常开始。这样能帮助客户放松警惕心理，从而使客户更加认可和接受他们。

所谓拉家常，虽然也是寒暄的一种方式，但是实际上又不同于一般的寒暄。通常情况下，寒暄和搭讪类似，是为了与他人搭上关系而开始攀谈，拉家常则比寒暄更进一步，是与客户说些家长里短的事情，从而营造出良好的谈话氛围。只有气氛和谐融洽，彼此之间都能敞开心扉，交谈才会变得更加深入、顺畅，才能真正实现心与心的沟通与共鸣。

现实生活中，很多细心的人会发现，有的时候，原本毫无关系的两个人，也会坐在一起聊得不亦乐乎，他们一见如故，产生了感情的共鸣。毋庸置疑，这是人际交流的最佳状态，因为感情的共鸣会让交谈双方都投入谈话之中，从而渐入真诚交流的佳境。这样一来，人与人之间的沟通会更顺畅，更愉快。

从事销售的人都知道，与客户建立良好关系并非轻松的事情。在与客户套近乎的时候，他们经常会遭遇白眼，以致非常尴尬和难堪。实际上，如果能把拉家常的方法运用好，利用家常事与客户建立共鸣，那么再进行其他方面的交流就容易多了。

林强代理了国外某知名品牌红酒，他除了让手下的推销员去各家饭店、酒店以及向名人推销红酒之外，遇到重要的客户，也会亲自上阵进行推销工作。有段时间，林强发现有家知名酒店是全国连锁，因而意识到，如果能够谈下这家酒店，那么他的红酒销量就会提升一大截。当然，这么重要的客户他是不敢交给手下的人去洽谈的，于是，在一个工作日，他带着样品亲自登门拜访那家酒店的老板。

不承想，林强刚刚敲开酒店老板办公室的门，就被当头棒喝。老板不等林强开口，就怒气冲冲地说："对不起，我不接待推销。要不是秘书今天有事，你连我的门也进不来。"受到如此不留情面的对待，如果换作别人，也许马上掉头离开。但林强可不是别人，只见林强径直走入办公室，如同一个老朋友一样坐下来，轻松地问："刘总，我看您心情不好。正好我带了好酒，不如咱们共饮一杯，就当是朋友，我绝不提推销的任何事情。而且，我保证我的酒比你们酒店里的酒都好，不喝可是太可惜了呢！"看到林强这么真诚，还要提供一瓶好酒，刘总就算再生气，也没法再对林强不客气。就这样，他拿出酒杯，和林强喝了起来。才刚刚喝第一口红酒，刘总就露出惊讶的表情，良久才说："果然是好酒。"随着酒过三巡，刘总开始向林强倒苦水，说自己的好几个酒店经理都跳槽了，使他损失惨重。这时，林强也苦恼地说："不瞒您说，刘总，咱们可是同病相怜啊！我招聘了几十个推销员，好不容易花费时间和精力让他们走上正轨，他们却接二连三地辞职了。现在，我只剩下几个推销员，所以我这个所谓的老板也不得不亲自上阵。接下来我还要重复痛苦的招人—培训—人员离职的经历。哎，真是一言难尽啊！”就这样，他们你一言我一语不停地互倒苦水，居然喝完了一瓶葡萄酒，两人也成了真正的朋友。毫无疑问，林强后来成为这家酒店的稳定供货商，事业上进了很大一步。

人是感情动物，每个人都有感情。林强之所以能成功打动刘总，就是因为他抓住刘总的感情软肋，与刘总有了感情上的共鸣，所以才能相互信任，顷刻间变成了难兄难弟。人与人交往，如果感情牌打好了，接下来就会非常顺利，事半功倍。所以，作为推销员，我们一定要掌握的技巧就是与客户拉好家常，为接下来的交往奠定良好的基础。

也许有些朋友觉得拉家常容易涉及隐私，会弄巧成拙。其实不然。拉家常有很多话题可谈。例如，我们可以聊聊彼此的家庭情况，这并不俗气，每个人对于家庭都很看重，因而关于家庭的话题更容易引起人们的共鸣。此外，还可以说说工作上的情况。既然都是职场人士，而且有可能工作上会有合作，说说工作上与合作无关的闲言碎语，自然是很好的选择。最后，还可以谈谈共同点，如毕业的院校，家乡在哪里，或者对于未来是否有共同的梦想和希望等，这些都是非常适宜的话题。当然，如果有孩子，孩子的情况也是很好的话题，尤其是对于女性朋友而言，这个话题堪称灵丹妙药。只要提起孩子，女性朋友们就会马上拥有一个共同的伟大职业——母亲。试想，她们怎么会不谈得不亦乐乎呢？总而言之，我们要多多用心和留心，才能找到合适的话题与客户产生共鸣，拉近关系，让推销工作事半功倍。

第 15 章

说话婉转松弛有度，良好的沟通需要和谐的氛围

良好的沟通需要和谐融洽的氛围，在与人沟通的过程中，我们必须营造好氛围，才能让沟通更顺畅。当然，沟通的媒介和途径是语言，要想达到预期目的，我们首先要提升自己的语言表达能力，才能做到说话委婉，张弛有度。很多朋友都有一种体验，即同样的内容，不同的人以不同的方式说出来，效果截然不同。民间也有句俗话，叫会说说得人笑，不会说说得人跳，由此可见说话的方式至关重要，也影响和决定着最终的结果。

与他人拉近关系，多说“我们”

日常生活中，我们几乎每天都要与他人交流。有的时候，虽然我们非常热情周到，他人却对我们始终不冷不热的，这到底是为什么呢？究其原因，并不在于我们说话的内容有问题，而在于我们的人称代词使用有错误。众所周知，常人的人称代词有“你”“我”“他（她）”“你们”“我们”“他们（她们）”“咱们”等。这些人称代词看似简单，实际上是有微妙区别的。例如，很多自我意识强的人，总是以自我为中心，说话的时候也总是以“我”居多。如果听者是个非常敏感的人，就会感受到被排斥。这种情况下，如果使用“我们”，则效果会好很多。可以说，在诸多的人称代词中，“我”和“我们”给他人的感觉是有明显区别的。

从心理学的角度而言，“我们”“咱们”这些词语带有共同意识的色彩，能够拉近我们与他人之间的心理距离。所以这样的词语很容易混淆他人心中对我们的感觉，甚至令他人误以为我们与他们处于统一战线，而且彼此关系是亲密的。这样一来，他人必然对我们很亲近，也更容易接受我们的想法、认可我们，或者不再排斥我们。我们如果多说“我们”，就相当于以最简单的方式攻破了对方的心理防线，成功实现攻心策略。

古今中外，很多大人物拉近自己与他人的关系时，都很善于使用“我们”的策略。他们利用这个策略，总是能够成功拉拢人心，也能够化敌为友，增强自己的力量。在影视剧中，我们会看到很多领袖人物振臂一呼、应者云集的场面。不得不说，这样的场面是震撼人心的，也是使人感到非常亢奋和激动的，自然会取得良好的效果。有人将这样的行为称为煽动或者蛊惑，实际上这样的人往往很尊重他人，所以才能得到他人的热烈拥护。诸如美国总统罗斯福，英国首相丘吉尔等人，都很善于这样笼络人心，所以他们在二次世界大战期间才能一呼百应，也因此取得举世瞩目的伟大成就。

毫无疑问，每个人内心深处都是以自我为中心的。人们非常注重自己内心的感受，因而考虑问题时也会情不自禁地拥有很强的自我意识。尤其是当受到外界威胁时，人们的自我意识会马上奋起反击，以致对他人采取排斥和抗拒的态度。我们要想消除他人的防备心理，就要多说“我们”，少说“我”，从而最大限度拉近与他人的关系，让接下来的交往更加顺利。

小叶和张明虽然谈了一段时间恋爱，但是始终没有太大的进展。为此，张明绞尽脑汁，想要讨得小叶的欢心，但是不管是送花还是看电影，又或者是吃饭，小叶总是对张明不冷不热。这段时间，张明想出了一个好主意。周末，张明约小叶一起逛商场，然后挑选了两款周大福的首饰。小叶有些纳闷：就算送给我首饰，也不用送我这么好的呀？不承想，付完款之后，张明说：“这款是送给你的，这款是送给咱妈的，希望她喜欢。”听到张明贸然就叫“咱妈”了，小叶不免有些嗔怪，但是她转念一想，既然自己已经和张明恋爱很久，而且张明对未来的丈母娘这么用心，当然是好事。小叶高高兴兴地接受了礼物，很快就把与张明的婚姻大事就提上了日程。

张明很聪明，他知道自己和小叶的关系卡在哪里，因而想出了合理的解决办法。他先是以“咱妈”试探小叶的态度，随后才能把婚姻大事提上日程。不得不说，张明的解决办法不动声色，是个非常好的办法。

现实生活和工作中，不管与谁交谈，假如我们都能经常使用“咱们”这个字眼，那么日久天长，我们一定能成功拉近与他人的关系，从而让我们与他人之间关系更亲密，获得质的飞跃。

话语幽默，有效降低对方的心理防线

幽默，是人类智慧的表现形式之一。在人际交往中，如果我们能恰到好处地幽默，就能活跃交谈的氛围，营造良好的气氛，从而使他人更愿意敞开心扉，与我们真诚地交流。很多人误以为开玩笑就是幽默，其实不然。很多玩笑话都是非常低俗的，我们要想更幽默，就要提升自己，让自己变得更加聪明机智，这样才能把话说得诙谐生动，才能让我们的幽默恰到好处地表达出来。

幽默不是善意的玩笑，更不是恶意的嘲讽。现代社会，很多年轻人都自以为是幽默大师，实际上他们的幽默非常低级。古往今来，能够真正被称为幽默大师的少之又少。幽默并不是与生俱来的能力，更不是求之不得的天赋。要想让自己变得幽默，我们完全可以通过后天的努力弥补自己先天的不足。幽默的能力，就像阳光一样温暖和煦。一个幽默的人在人群中，总是会成为众人瞩目的焦点，也会成为他人关注的中心。所以，他总是受人欢迎，也总是能成功打动他人的心。最重要的是，在和谐愉快的交谈氛围中，他还能成功突破他人的心理防线，从而走入他人的内心，让他人对他敞开心扉。

第一次世界大战前夕，美国女权主义者南希·阿斯特特意去布雷尼宫拜访丘吉尔。丘吉尔对她很热情。然而，在谈到妇女权利问题时，南希·阿斯特表示想让丘吉尔帮助她进入议会，使她成为第一位女议员。丘吉尔对她的话不以为然，嘲笑了她，这使她非常生气。她毫不客气地对丘吉尔说：“温斯顿，如果你是我丈夫，我一定会在你的咖啡里加毒药！”丘吉尔面色平静地笑着说：“尊敬的女士，假如你是我的妻子，我一定会毫不犹豫地喝下那杯毒咖啡！”

原本，南希·阿斯特非常生气，所以才会说出那么没有分寸的话，但是丘吉尔以幽默机智的回答，让原本尴尬和僵硬的气氛恢复了活跃。这样，他们之间的谈话才不至于不欢而散。假如丘吉尔对于南希·阿斯特的话大发雷霆，那么结果就会很糟糕，双方都会陷入尴尬，无法自处。

在与他人交谈的时候，我们可以全方位努力，以提升我们的幽默能力。例如，我们无须一直言语直白，而是可以刻意地卖关子，从而让他人随着我们的表达心情跌宕起伏，觉得饶有趣味。此外，我们还可以记住一些高雅的笑话，在与他人交谈时适当讲些笑话，也能放松彼此的心情。再如，我们还可以把同样的话换一种方式表达，这样也能使人感到新鲜有趣。当然，幽默最重要的时候，就是我们遭遇尴尬的时候。假如我们能够像丘吉尔一样在遭到他人恶劣对待时依然气定神闲，妙语如珠，即使反驳对方也依然能够不动声色，那么我们就可以变得更加幽默。总而言之，幽默的难处就在于交谈中很多情况都是随时变化的，我们唯有足够机智，才能反应机敏。

尴尬时，不妨为自己打圆场

人们每天说话，经常一不小心就陷入尴尬。在没有人帮助我们打圆场摆脱尴尬的情况下，我们如何机智地为自己打圆场，让自己成功下台阶呢？其实，别人可以给我们打圆场，我们也可以给自己打圆场。

人生总是变幻莫测的，没有人能够预知未来。很多时候，我们甚至无法操控自己，也不知道自己何时就会冒出一句使自己难堪的话。在这种情况下，最重要的不是求助于人，而是我们能够机智灵活，自己为自己化解尴尬，这样才能避免麻烦。

首先，我们要学会为自己打圆场，把原本说漏了的话说得圆满。当然，打圆场是正视问题的一种方式，我们只有足够勇敢淡定，才能保持镇定理智。其次，我们还可以巧妙回避问题，也就是转移话题，以全新话题转移他人的注意力。如果我们能够迅速吸引他人的注意力，那么他人就会忘记我们刚才的尴尬，并对我们刮目相看。记住，千万不要呆愣在那里，否则一定会招人笑话的。例如，我们去医院探望病人，却不小心说起某个人身患癌症很快就去世了，这对于病人而言无疑是忌讳的，也会惹怒病人家属。这时，我们一定要在道歉安慰病人之后，马上说其他的话题，从而转移他人注意力，也避免大家都陷入尴尬。最后，当我们不小心说错话或者做错事，却无可推卸的时候，不如勇敢地道歉，给自己找一个理由，哪怕是牵强附会的理由，也能让对方给你台阶下。

现实生活中，很多人因为人生经验不足，或者脑子转得不够快，在遭遇尴尬的时候，总是非常难堪，不知道说些什么、做些什么。这样一来，往往会导致一切更加尴尬和难堪，也会导致人际关系恶化。很多时候，人们并不是想要让我们切实做什么，而只是想要看到我们的态度。我们唯有给予对方明确的态度，才能真正让自己摆脱尴尬。

前段时间，大家都在关注湖南卫视热播的《爸爸去哪儿2》。这是一档亲子互动真人秀节目，参与节目的五组家庭人气高涨，人们尤其关注曹格带领一双儿女在节目中的出色表现。在节目播出后，曹格参加一档综艺节目的录制，在录制现场，遭到了主持人的故意刁难。主持人问曹格："你们家谁掌管经济大权？"这个问题显然不太友好，大家都等着看曹格出洋相。不过，曹格马上反应过来："我和妻子财务分开，但是我会时不时地交点儿保护费。"曹格的回答非常精彩，大家给予曹格热烈的掌声。

不过，主持人并没有因此放过曹格，而是乘胜追击，继续追问："有人说你已经身家过亿，你认可这种说法吗？"不得不说，这个主持人真的不善意，毕竟财务状况是隐私，怎么能在公开场合这样问曹格呢？现场的气氛明显有些紧张，曹格略微沉思片刻，面带微笑地说："如果真的如人们所说的那样，我很愿意把自己五折出售。"曹格的话音刚落，主持人就率先带头给曹格鼓掌。

从曹格在节目录制现场的表现来看，他不但聪明机智，而且非常幽默。作为在娱乐圈里闯荡的人，曹格的确让人刮目相看。其实，人际交流的过程中，每个人都难免要应对他人或者善意或者恶意的刁难。当我们陷入尴尬之中时，他人对我们的帮助并非总是有效的，我们只有竭力自救，才能随时随地摆脱困境。

所谓求人不如求己。朋友们，我们从现在开始就要提升自己的语言表达能力，让自己更加风趣幽默，机智灵活，从而做到在各种情况下都能成功为自己打圆场，解救自己。

自我解嘲，才能让自己和他人轻松起来

这个世界上，每个人都是独一无二的个体，有着与众不同的脾气秉性、兴趣爱好。所以，人与人之间相处和交往，难免会因为彼此志趣不同、性格不合而发生矛盾和摩擦。有的时候，我们会因为他人无心的过错陷入尴尬，有的时候，他人会因为看不惯我们，对我们展开攻击。在这种情况下，我们与其与他人针锋相对，吵闹不休，不如自我解嘲，从而让自己从容应对他人的攻击，甚至有可能化敌为友，平息一场风波。

大名鼎鼎的苏格拉底娶了个悍妇当老婆。有一天，他正在给学生上课，他的老婆不知道为何，突然冲进教室把他狠狠骂了一顿。苏格拉底不以为然，老婆走后，他继续给学生上课。不承想，老婆提着一桶水怒气冲冲来到教室，对着苏格拉底就泼过来。苏格拉底没有像普通人一样生气，而是当即笑着说："哎，我就知道，雷声之后必然要下雨。"学生们不由得哄然大笑，苏格拉底也给自己解了围。

假如苏格拉底没有这样的胸襟气度，而是马上与老婆扭打在一起，那么等待他的必然是更加尴尬和难堪的情况，同时也会使学生们非常尴尬，不知所措。他用这样一句轻松的自嘲，就解决了一切问题。

2013年12月，林清玄以"欢喜心过生活"为题作演讲。在这次演讲中，林清玄充分发挥幽默的能力，而且以切身经历进行自我解嘲，深刻阐述了演讲的主题。

"同学们，你们可以看到站着讲话的我非常英俊。我刚刚走入演讲礼堂时，听到有同学质疑我的长相怎么是这个样子，我不得不遗憾地告诉各位同学，假如你们一直在写作，到五十岁的时候未必会有我这么英俊呢。有一次我去参加演讲，有个美丽的女孩给我塞纸条，我赶紧兴奋地打开了，没想到她在纸条里告诉我，她觉得我长得很像周星驰身边的配角——火云邪神。”

此外，林清玄还告诉同学们，他曾经被其他女作家误以为是同性，还被其他出租车司机误以为是姑娘，或者是大娘。在同学们的轰然大笑中，他由此告诉同学们，一个人的长相不是最重要的，最重要的是要有一颗怎样的心。由此，同学们在他的自我解嘲中理解了深刻的道理，也对他深入浅出的演讲印象深刻。

从本质上来说，只有真正内心强大的人，才能做到坦然自嘲。一个人如果内心虚弱，缺乏自信，根本无法做到从容拿自己开涮。所以说，自嘲不但是一种涵养，也是一种胸襟，更是一种气度。人的幽默有很多种表现形式，更高形式的幽默是以优雅的自嘲给自己和身边的人营造轻松的气氛，带来欢乐。一个善于自嘲的人必然是充满智慧的，他们在任何情况下都能做到从容自若，都能最大限度宽慰自己，让自己微笑着对待世界。

既要有激情，也要适度沉默

很多高明的画家在作画的时候，会适当留白。尤其是水墨山水画，留白甚至比内容更重要。正是因为有了留白，整幅画才不至于过于局促，才能显得意味无穷。很多事情的道理都是共通的，与人交谈也是同样的道理，很多人喜欢喋喋不休、滔滔不绝，殊不知，这个世界上的话是说不尽的，哪怕我们再努力，也无法把话说得完全到位。这种情况下，我们不如适当留白，从而给人以思考的时间和空间。

很多人只要一想起沟通，就觉得应该是充满激情的语言，不断挥舞的大手和表情丰富的面部。实际上，真正的沟通并非如此。沟通不可能是片刻也不停歇的表达，真正完美的沟通就像一幅美好的画一样，既有绚烂的色彩和浓重的笔墨，也有空白，这样沟通才能达到预期的效果。不得不承认，很多时候沉默也是沟通的法宝。在与他人沟通时，如果我们善于使用沉默，就能让沟通事半功倍。沉默和激情一样重要，就像一首美妙的旋律中也有必不可少的休止符一样。沟通中适度地沉默，才能让我们的沟通更加完美。所以，朋友们，要想让沟通有好的效果，我们就要学会沉默。

这次面试，小马作好了充分的准备，也把问题回答得很好，最终却失败了。究其原因，不是因为他说得太少，而是因为他喋喋不休，说得太多。面对面试官的提问，他原本三言两语就能说完，却偏偏唠叨不止，说了很多。巧合的是，他遇到的这个面试官是个不喜欢啰唆的人，面对小马没有留白的自我介绍，他早已将其从心中的名单上划去了。

沉默并非一无是处，它不但可以给我们自己更多的时间思考和组织语言，也可以给他人更多的时间琢磨我们说过的话，从而对我们有正确的评价和认知。假如我们一直滔滔不绝、口若悬河，他们就很难静下心来思考我们说过的话。这样一来，我们自然无法得到他们的认可和肯定。

任何交流，都需要适时的沉默。现实生活中，有些朋友会因为意见或者观点不一致而争执不休，实际上，假如任何一方能够沉默下来，那么双方都会恢复理智和冷静，从而让难题得以解决。曾经，美国加州大学的心理学教授古德曼说，沉默就是交流的节奏，能够让说话听话都适度打上休止符。如果没有沉默，一切交流都会失去理性。朋友们，你们现在是否还在不停地说话呢？赶紧闭上嘴巴，让自己的心也休息一下吧！

参考文献

[1]白山.这样说话最给力[M].北京：北京工业大学出版社，2011.

[2]王远畅.成就人生好口才[M].北京：中国纺织出版社，2013.

[3]成杰.话语攻心术：把话说到对方心坎里[M].北京：中国华侨出版社，2012.

[4]郭鹏.10天打造完美口才：哈佛最受欢迎的高效沟通课[M].北京：化学工业出版社，2016.